文學叢刊

畢璞著

去年紅葉

文史哲出版社印行

去年紅葉目錄

第一輯　美的心情

第二輯　黃金歲月

第一輯　美的心情

詩情

記得是今年的暮春時分，我和一位朋友在中正紀念堂前的廣場散步。天空飄落著牛毛細雨，那些帶著花木清香的水珠飛濺到臉上，似有若無，清涼自在，舒暢無比。我脫口而出：「這眞是沾衣欲濕紅杏雨，吹面不寒楊柳風呀！」「瞧你出口成章，是在賣弄肚子裡舊詩詞太多嗎？而我，對著許多眼前情景，想到的往往是一些歌詞罷！」朋友這樣說。可不？她是學聲樂的，唱歌用籮裝的哪！

這完全是性向問題。從小就愛詩愛到現在，少年時代也曾胡謅過一些歪詩的我，在生活中好像離不開詩。大雨將至，我會想到「山雨欲來風滿樓」。寒冬的夜晚，就會輕吟「晚來天欲雪，能飲一杯無？」天畔滿佈黑雲，我會聯想到「水面初平雲腳低」。晚上聽見下雨的聲音，「小樓一夜聽春雨」或「夜雨瞞人去護花」這一類的前人詩句就會兜上心頭，滑向唇邊。諸如此類的「狀況」，可說層出不窮。只是近年記憶衰退，背得出的詩詞（即使是斷句）已經非常有限，有時竟不得不怨嘆「詩到用時方恨少」起來。

有一次我用毛筆隨便在一張小紙上畫了一個站在樓上的古人，反背雙手，仰首望天。

原意是「暝色入高樓，有人樓上愁」這兩句詞，因爲一時手癢多畫了一個月亮；於是感到得改題「高樓望月幾回圓」才對，而關於登樓看月的詩詞可多著哩！在尋覓之間，又得到了不少樂趣。

前幾年回到家鄉廣州，在一次親屬的出遊中，在動物園裡，我那位也雅好詩詞、在高中教國文的表弟，看到有遊人在逗弄鸚鵡，他立刻對我掉了一句詩囊：「鸚鵡前頭不敢言」，這使我爲之忍俊不禁，兩人因而會心大笑起來，這種從讀詩中得來的樂趣，只有在遇到同道時得之。

最近我利用家中的一些碎布，在一條淡黃色的床單上用貼繡方式繡上了八艘國畫造型、色彩雅麗的帆船，從小到大，自遠到近，在床單中間排成一列不規則的隊形，從床頭緩緩航向床尾。這條經過加工的床單雖然不豪華不美麗，卻也別具風格。我站在床側，有點得意地在欣賞自己的作品，腦海中不期而然又湧起一些前人的詩句：「過盡千帆皆不是」，不要，這太不吉利了。「孤帆遠影碧山盡」，什麼？八艘帆船呀！「孤篷萬里征」怎麼又是「孤」？不行！哦！有了，「輕舟已過萬重山」，你看，這些帆船從枕頭駛下，枕頭是山，床單是河，床下就是大海，這八艘帆船豈不正是從上游航向下游？太巧合了！這正是無心插柳的結果。一時間，我竟有著躊躇滿志的感覺。

在我個人簡單、單調、刻板、寂寞的退休生涯中，除了有書本、音樂、繪畫爲伴之外，那些儲存在我心胸中，經過多年來醞釀發酵的前人詩句，的確使我黯淡的日子增加不少如啜醇醪的歡樂。我要感謝每一位留下傳頌千古佳句的詩人墨客，沒有你們，誰來撫慰我孤寂的心靈？

音樂因緣

很久很久沒有這樣的閑情了：在人靜的午夜，淡金色的秋陽透過輕盈搖曳著的白紗窗簾在室內投下了一道迷濛的光影。我懶懶地靠在一張舒適的沙發上，啥也不做，啥也不想，只是專心地聆聽一張雷射唱片。美妙的音符在愉悅我的聽覺，那悠揚的小提琴聲，那柔婉的管樂聲，配合得如此天衣無縫，出神入化；在陶醉之餘，我恍惚覺得自己是一個面對一隊御前交響樂團的南面王，幸福之感，不覺油然而生。

說自己「閑情拋棄久」是很可笑的事。我早已是閑雲野鶴之身，數年來在鬧市中過著半隱居的生活，怎會沒有閑情呢？而且，欣賞古典音樂是我已培養了多年的興趣，既然不是移情別戀，爲什麼似乎很久很久沒有和音樂親近呢？大概是前些年的窮忙，使得我疏遠了這位益友，也漸漸遺忘了這一帖撫慰心靈的良藥吧！

現在，我聆聽著的是歌劇「鄉村騎士」中的間奏曲，緩慢而憂傷的旋律使人心情沉鬱；然而它又是那麼美妙，美得讓我甘願被哀愁所淹沒。啊！這旋律，我記得了，它就是我在小學六年級上音樂課時所唱的「母親看我吧」。當年，小小的我就已經十分喜愛這首歌曲；後來，我開始涉獵欣賞西洋古典音樂，這首間奏曲就一直是我的最愛之一。到如今，睽違了數年之後無意中聽到，偶然又想起了它原是我童年的舊識，竟有著故友重逢之樂。誇張一點的說，這也可算是一種緣分吧！

假使我沒有記錯，我在廣州市立第二小學上高小時，教我們音樂的是一位姓呂的男老師，他的面貌我還依稀記得，名字卻已想不起來。在我的記憶中，他教過我們許多從世界名曲改編過來的歌曲，這首「母親看我吧」是其中之一。「秋夜」則是根據一首著名的愛爾蘭民謠，配上優美典雅的歌詞，曲美詞美，把我這個一知半解的小學生也爲之陶醉不已。此外還有好幾首我已忘卻歌名的，長大後才知道也都是從一些西方名曲或歌劇選曲改編的。想來呂老師本身的音樂修養一定很高，才使得我們這些小毛頭有機會欣賞到那麼多著名的樂曲。

小時候在家裡是無緣聽到古典音樂的。父親雖是留學生，他喜愛的是平劇；母親則喜歡粵曲和粵劇。家裡有一座有著個大喇叭的留聲機，經常播放的不是梅蘭芳的「天女散花」，就是薛覺先的「帝女花」之類。我後來之所以迷上古典音樂，一定是小學時呂老師所教的世界名曲給我啓了蒙開了竅，引起了我的興趣。然後，到了高中的階段，因爲進的是教會學校，比較注重音樂；教我們音樂的朱麗雲老師又大量的教我們唱英文藝術歌及西方民謠，一本「一百零一首最好的歌」幾乎教了一大半。從那時開始，我對西洋音樂開始傾心，傾心得簡直近乎「崇洋」。

來台早期，曾經在一幢日式危樓上住了十多年，物質生活極度貧乏，我靠著一台礦石式收音機，日夜聽遍各電台的古典音樂節目來充實我的精神生活。那段歲月眞可說是我欣賞音樂的狂熱時期，音樂所給予我心靈上的滿足，使我自喻爲居陋巷而不改其樂的顏回。

後來，有了錄音機、電唱機，乃至今日的雷射唱機；也許是社會形態改變的影響，也許是年齡的因素，漸漸地狂熱不再，而音樂給予我的歡樂亦不如當年，可知心靈的滿足與物質的享受無關。慶幸的是，我對音樂的愛好雖然熱情冷卻，但是我並沒有變節，我依然是音樂女神的忠實信徒。這就是這次在久違之後偶然欣一下音樂，爲何感受特別強烈之故。

從小學時受到世界名曲的啓蒙、高中時學唱世界名曲的薰陶，乃至後來靠著一台收音機變成古典音樂的「發燒友」，似乎是冥冥中有一定數，有脈絡依稀可循。最奇特的是，我的大兒因爲在童年耳濡目染的結果，也深深愛上了音樂。他在大學主修外文，卻在課餘去學鋼琴和對位法。出國後他唸的還是比較文學；拿到學位後又一頭栽進音樂研究所學理論作曲，終於完成了小時「長大要當音樂家」的心願。他從文學的領域轉行到音樂的園地，總是念念不忘的說受了母親的影響。

一個跟音樂毫無淵源的人變成了音樂發燒友，又影響到她的下一代成爲一個音樂家。這段音樂因緣，溯本追源，應該歸功於小學時那位音樂老師吧？

柔美的西方民謠

正日落秋山，一片羅雲隱去，
萬種情懷，安排何處？
卻粧出嫦娥玉宇，瓊樓漫步，
天高氣清，滿庭風露。
問耿耿銀河，有誰人引渡？
四壁涼蛩，如來相語。

這樣的歌辭夠美了吧？可惜我只記得開頭這幾句。它的調更美：婉約、淒清，柔美的音符不但縈繞耳邊，而且還縈迴在你心房，又怎怪我對它一聽鍾情？而那個時候我纔不過是個小學六年級的學生，我剛開始喜愛舊詩詞，於是，這首詞曲均美的歌就深深印在我的心靈上，直到如今。

然而，我和我首歌還有後緣。

高中時我上的是教會學校。一位美麗的音樂老師把「一百零一首最好的歌」作爲教材，把書裡比較抒情的西洋藝術歌曲和一些西方民謠教我們唱。當我們唱到把愛爾蘭詩人摩爾(Thomas Moore)的名詩「相信我，所有的青春魅力」(Believe Me, If All Those Endearing Young Charms)作爲歌詞的愛爾蘭民謠時，這纔恍然大悟：這悅耳的旋律是那麼稔熟，它不就是我在小學時所唱過的「秋夜吟」嗎？原來我在幾年前就愛上它了。

也許是跟個人沉靜內向的性格有關，我喜愛的歌曲全是歌辭幽雅、旋律輕柔這一類。「一百零一首最好的歌」一書裡的愛爾蘭和蘇格蘭民謠，從此成爲我的最愛。除了上面這一首外，摩爾另外一首膾炙人口的「夏日最後的玫瑰」，也是我的最愛之一。記得有一位同學的姊姊在一次晚會中登台演唱，唱的就是「夏日最後的玫瑰」。她身著白紗禮服，胸前別一朵紅玫瑰，手執一條紅紗巾，曼聲高唱。我們這一群黃毛丫頭，既羨慕她在台上的丰姿，又被歌詞中玫瑰花悲慘的遭遇而感動，竟有人偷偷流下淚珠，充分表現出少女們的多愁善感。

到今天爲止，我對愛爾蘭這個國家還是認識不來。從前，我只知道它出過不少詩人、作家；現在，我常在報上讀到有關北愛爾蘭的反抗軍和恐怖分子的新聞。他們到底是一個怎樣的民族，我完全不了解。然而，我竟然愛上了他們的民謠，這實在是一件不可思議的一回事。也許，音樂是國際間的共同語言，我之所以愛上愛爾蘭民謠，無非是由於它的旋律優美吧？

同樣的，蘇格蘭民謠也是如此；英國和威爾斯的歌謠也相當悅耳。像「羅莽湖」、

「魂斷藍橋」、「漫漫長夜」、「眼波勝酒」、「安妮羅瑞」等等也都令人百聽不厭、繞樑三日。說我個人偏愛我不承認，因爲這些歌曲早已公認是世界名歌了。

這些西方民謠和我在時間上是蕭條異代，在地理上是相隔萬里。我爲什麼對它們情有獨鍾？我想：人類的心聲應該是互通的吧？

感謝阿瑪迪斯

櫃子裡的唱片都已塵封，我很久很久沒有去碰觸它們了。只緣近日偶然大膽地想放縱（若用時髦的說法是「出軌」）一下自己，讓自己體驗從未嘗試過的揮霍光陰之樂，而去追逐世俗的感官上的享受——大量的看錄影帶。在影帶中那些光怪陸離、無奇不有的西方世界，滿足了我的好奇心，我似乎得到了一些什麼，但也似乎失去了什麼。終於我猛然驚覺：爲了貪圖這一方面的感官享受，我竟把多年來每天的「靈修」工作——閱讀和聽樂荒廢了許久。

懷著慚愧而懺悔的心，我又打開我的唱片櫃去尋求故人的慰藉。我隨意地把一些唱片抽出又放下，然而，當我一眼看到莫札特單簧管五重奏這張唱片出現時，毫不考慮就把它放在唱機上。它曾經是我的最愛，現在，只聽了三四個音符，我馬上就決定，它還是我所聽過的樂曲中最愛聽的一首。我覺得它就是「此曲只應天上有，人間那得幾回聞」的仙樂，脫俗出塵，像是不食人間煙火。尤其是第一、第二兩個樂章，柔美、委婉、纏綿而又憂傷，往往聽得我眼眶濕潤。阿瑪迪太可人了，他是怎樣想出這樣動人的旋律的？

而第二樂章開始時那一段單簧管獨奏，我就只能借用東坡學士的話來形容了：「如怨如慕，如泣如訴。餘音嫋嫋，不絕如縷。舞幽壑之潛蛟，泣孤舟之嫠婦。」蘇子和莫札特蕭條異代不同時，爲什麼會寫出如此貼切的句子來形容這首樂曲？我想：人類的心靈一定是相通的，無論他們相隔了千百年和千萬里，對藝術美的感受都是一樣的。

眞的，每當我聆聽到這段單簧管獨奏時，心裡就會想：阿瑪迪斯的心爲什麼那麼淒楚呢？他是在一種怎樣的心境下創作出這段旋律的？唱片封套上的說明告訴我：這首單簧管五重奏是莫札特專爲他的好友——一位單簧管演奏家斯泰特勒而寫的。不過，這應該是指的演奏技巧方面。說明中又說：第二樂章的稍緩慢板是一道廣闊的、透明的旋律之弧，有時有些許陰影，些許憂鬱。……

這就是了。這首編號K五八一的樂曲，在他短短三十五年中總共創作了六百二十八首作品中間，已接近晚期；可能他已開始遭受到貧窮和疾病的苦惱，所以，他作品的風格雖則以活潑、明快、歡樂見著，但是偶然也難免不自覺地流露出內心的憂傷吧？可憐的W・阿瑪迪斯・莫札特，可人的W・阿瑪迪斯・莫札特，他自己飲滿了人世的苦杯，英年早逝，卻把無數美麗的旋律留給世人。

一面唱片已經聽完，音色亮麗清越的單簧管的餘音猶自縈繞在耳畔，久久不去。感謝阿瑪迪斯，你的音樂豐富了我的心靈。

海濱的馬路

我在十二三歲的時候就讀了不少唐詩和宋詞，因此也就變成了一個不識愁滋味而強說愁的少年，居然偷偷地寫起了一些又愁又恨的歪詩來。那時，我最欣賞的是「莫道閑情拋棄久，每到春來惆悵還依舊」「多少恨，昨日夢魂中」；「丁香空結雨中愁」等等使人斷腸的句子。其實，我出生在小康之家，有父母疼愛，有弟妹爲伴，有什麼可愁的？無非是爲賦新詞罷了。

不幸，好景不常，抗戰軍興，粉碎了我幸福的童年。我們一家從廣州逃難到香港，兩代九口蝸居在一層淺窄的只有兩個房間的小樓上，父親暫時失業，我們幾個比較大的孩子也失學，眞是坐困愁城。我是長女，那時剛唸完初二，我底下的弟弟妹妹可能還不懂事，他們也不像我那樣過早沉迷於舊詩詞中，根本不知愁爲何物；而我，卻已開始淺嘗到生命的苦杯，眞是「人間愁恨何能免」。

我從識字起就是個不折不扣的書獃子，我的學業成績很好，讀書是我的最愛；在我的生命中，除了讀書就沒有其他的歡樂。每天放學回家，做完功課，就是一卷在手，讀詩詞，看小說，看雜誌，看得迷頭迷腦，天塌下來也不管。我最討厭在看書時被母親差遣到街上雜貨店買醬油糖鹽，也常因抗命而捱罵。

想想看，像我這種視聽書爲命的人怎能忍受失學之苦？何況，在廣州家裡的藏書絕大部分都沒有帶出來，窩在香港那幢小樓裡，幾乎無書可讀，不把我這書獃子悶死才怪。

在百無聊賴中，我可眞的體驗到舊詩詞中所謂「閑愁」的滋味了。每當閑愁來襲，我就牽著我那才不過三四歲的幼弟到住家附近的海濱去散步，去找尋我心靈的避風港。

這個「海濱」，既非沙灘，也沒有堤岸，只是一條靠海的馬路罷。這條馬路，一點美景也沒有，靠裡面的是一排房屋，靠海的一邊空蕩蕩地豎立著一些矮矮的鐵樁，鐵樁與鐵樁之間懸掛著粗粗的鐵鍊。海面上有時會停泊著一兩艘英國軍艦；大大小小的漁船、輪船和貨船不時從遠處駛近。海風經常吹來陣陣海水的腥鹹；天空上時常有鴿子成群掠過。這裡最大的特色是行人稀少。

那時我們的家是在灣仔電車路旁一條橫街上，附近既沒有公園，也沒有任何空曠的場所。我假使要暫離那狹小的家屋以及弟弟妹妹們的喧鬧，唯一能夠去的就是這條海濱的馬路了。我牽著幼弟的手在這條空寂的馬路上無目的地閑逛，有時也會坐在鐵鍊上看海。閑坐在家裡時，年少的我會爲日冠侵華、家園蒙塵而感到憤慨，爲一己的失學而自悲，但覺壯志難伸，天地間似無容身之處。這時，這海濱的馬路成爲我心靈的避難所，望著藍天碧海，竟毫不自量地以行吟澤畔的屈原自況。年少無初，實在狂妄可笑。

半年之後我跳級考上一所教會女中的高一。復學以後，我因爲接受了新的課程而與唐詩宋詞暫時疏遠，又因爲學校生活愉快而不再會有閑愁。海濱那條馬路我從此沒有再去散步。

荷花・月亮

荷香入夢

雖然是個愛花人；但是，廣被文人雅士歌頌、出污泥而不染的荷花，卻從來不曾登上我所愛的群芳譜。因爲我覺得荷花的長相平凡、花色有點庸俗，實在難與其他的花卉競艷；除了盛夏時在亭亭圓葉襯托下的滿地菡萏外，它很少獲得我的青睞。

然而，這張照片中的荷花爲什麼又如此的攝去了我的心魂？不過是一朵半開的淡紅色荷花，孤零零地挺立在幾片碩大無比的荷葉上，背景是淡淡的粉紫，隱約可以看見兩三朵白色的睡蓮，如此而已。是攝影的技巧美化了它？還是我一時的迷惑？這朵本來並不怎麼起眼的荷花，竟像是凌波仙子般清麗出塵，引得我欣賞了一遍又一遍，無法釋目。

因爲近來正熱中於學習用水彩畫靜物，畫的都是些果蔬和瓶瓶罐罐之類，花卉還沒有嘗試過。這朵荷花太吸引我了，何不試著把它畫下來？一試之下，眞難！差點想放棄，可是又不甘心，終於，我堅持到底，完成了我第一幅花卉。

還在初學的階段，成績自然極其拙劣，勉強得其形貌而失盡其神韻，可說是敗筆。不過，我並不氣餒，我還要再畫一次。我把這一幅失敗之作，掛在臥室中，一天看個百十回，要看出它的缺點，使得下次可以改進。

房間裡掛著一幅蹩腳的荷花，雖然不夠養眼，看多了也似有荷香入夢。

看月

我是個半隱居在都市邊緣、從來不作夜遊的人；　因而，一年之中難得看到幾次月亮，偶一看到，便不免大驚小怪一番。可笑吧！

更可笑的是，我每次看到月亮，都是在後陽台上無意中看到。換了別人，對大自然景象毫不動心的，看得到看不到月亮有什麼關係。偏偏我又是那種對風花雪月無法忘情的人，雖然從來沒有著意去看月，只是，一看到了，總難免有驚艷的喜悅。

以前我在後陽台看見過初升的圓月，也看見過帶著冷光的下弦月。這一次，我看見的又是另一個畫面。黃昏向盡，天還沒有完全暗，我站在後陽台上，看見在水泥叢林夾縫中東方一小片天空上，赫然出現一個橘紅色的、九分滿的月亮掛在樹梢。它是不透明的，彷彿是一片絨布貼在紫藍色的天幕上，像是貼布畫，也像卡通，帶著點童畫的稚趣。

如此平庸的一幅都市初夜景色，只因爲有一個橘紅色的月亮，便使得我在陽台上徘徊不能去。想起了東坡學士夜遊承天寺的名句。「何夜無月，何處無竹柏，但少閒人如吾兩人耳。」不覺失笑，我豈不正是另一個閒人？

十五歲那一年，我家搬到一幢新蓋的洋樓去住，我和妹妹得以擁有單獨的臥室。在躊躇志滿之餘，我老氣橫秋地在日記上這樣寫著：「新居向東，秋來可以先得月矣。」不幸的是，我們在那幢洋樓住了沒有多久，就因戰禍而倉皇逃難，根本等不到秋來。現在回想起來，那正是我生命中的第一次挫折，少年的心受到了多大的傷害。

數十年過去了，我居然毫不長進，愛月如昔，偶然看見一次月亮，便忍不住嚷嚷。也不想想：「江畔何人初見月？江月何年初照人？」，那已是一千多年前的情懷。

矛盾的心

一雙手閒不住，喜歡一心二用，是我的優點，也是缺點。優點是勤快；缺點是靜不下心，不夠專注。因此，這輩子雖然在崗位上兢兢業業，不曾怠惰，但卻也一事無成，凡事半調子，可為明證。對自己這種個性固然早已心知肚明，可是積習難改；更何況這又不是什麼大是大非，也就明知故犯，因循下去。率性之謂眞，我爲什麼要剝奪自己的快樂，扭曲自己的本性呢？

隨便舉個例子吧——欣賞古典音樂是我的興趣之一，不過我極少去參加必須盛裝危坐的正式音樂會，平日大都靠收音機及CD播出的罐頭音樂來充當精神食糧。而且我很少爲聽音樂而乖乖的坐著。閱報、看書和縫紉時我必須有音樂陪伴，雙手是閒著的，所以必須捧著書本、雜誌、報紙，或拿著針線；這樣，我耳聆美音，神遊於文字中的世界，一雙手又可以完成一些世俗的瑣務，一舉數得，一石二鳥，甚至三鳥。

在音樂的欣賞上，我又發現自己有一顆十分矛盾的心。莫札特的歡樂明快，我喜愛；柴考夫斯基的悲愴沈鬱同樣令我傾倒。蕭邦的溫柔婉約固然迷人；而華格納的豪邁奔放，也深深的吸引了我。只要是美的旋律我一律喜歡，不論那一種樂風都一樣。

又譬如看電影，我本來最愛看懸疑、驚悚類；可是像《小鬼當家》或華特迪斯尼製作的溫馨小品，也深獲我心。

我愛水的動，也愛山的靜；愛花的嬌媚，也愛樹的挺拔；我喜歡周遊列國，但也能囿於斗室，不問世事。

我戀慕大自然之美，沈迷於古代文人充滿瀟灑豁達情操的詩詞歌賦；可是又離不開現代生活中的科技文明。在擾攘的亂世中，我很想仿效東坡居士的「小舟從此逝，江海寄餘生」；然而，捫心自問，我能嗎？我懷疑。

窗簾

也許我眞的太容易滿足了。你知道我在寒冷的夜晚認爲最快樂的事是什麼嗎？不是一家人圍爐團聚，也不是和良友把盞言歡；而是打開電燈，拉上厚厚的窗簾，把黑暗、寒風和喧鬧的市聲阻隔在外，讓我擁有一室的光明和溫暖，也擁有了安全感和幸福感。我覺得，這眞是一天中最愜意的時刻。

我家客廳和臥室的冬季窗簾都是橘色的，在燈光的照射下，看來像是陽光般的溫煦，使人忘記了窗外的嚴寒。這時，一天的工作已經完畢，正需要在家這個安樂窩中尋求安息；不論是蜷坐在沙發上聆聽一首心愛的樂曲、觀賞一卷好看的錄影帶，或者躲在被窩裡看一本動人的小說，都可以說是人生的至樂。這豈非窗簾之賜？

窗簾不但有保持室溫和裝飾之功，而且也可以製造居室的氣氛。有一次我到香港住在妹妹家裡，我所睡的房間的窗簾是鵝黃色的。每天睜開眼睛，看見窗簾透進淡金色的光線，我都以爲是個大晴天，因而心情相當愉快。等到拉開窗簾，有時也會因爲碰到陰雨天而感到失望；不過，每天醒來時的愉快，多少也抵銷了偶然的失望。要是換了別的顏色的窗簾，便沒有這種效果了。

厚重的窗簾是寒冬的恩物。大陸北方的窗簾、門簾是跟我們的棉被一樣的，因爲需要抵擋風雪，這是窗簾在實用上的價值。那麼，夏天的白紗窗簾除了也有遮光的作用外，可說是最羅曼蒂克的裝飾物。輕盈的、半透明的白紗窗簾在微風飄拂著，光影迷離，恍如一幅印象派名畫，總是引人遐想。

八九年前到荷蘭阿姆斯特丹旅遊時，這城市中縱橫交錯的運河以及美麗的鬱金香固然使我念念不忘；但是，岸畔人家窗口的白紗窗簾與窗台上紅花綠葉相映的盆花，卻是荷蘭主婦給予我最良好的印象。

電影「齊瓦哥醫生」裡也有一個令我難忘的鏡頭。安娜一個人獨居在一棟破舊的木樓上，家無長物，可是卻收拾得極爲整潔。窗口居然掛著一道白紗窗簾，窗台上也擺著一小盆不知名的花。這小小的點綴，完全顯出了女主人的慧心與巧手，難怪齊瓦哥醫生對她癡情若許。

我有一個住在美國的晚輩，也是對窗簾極爲重視與考究，而又具有慧心巧手的人。她那位於新英格蘭地區的兩層樓房所有的窗簾全部出自她的雙手。客聽、飯廳掛的是白紗窗簾；臥室用的是比較厚的棉布；廚房、浴室的窗口也用花布窗簾裝飾起來。所有的窗簾長短、款式不一，令人嘆爲觀止。而這些窗簾也把她的家屋增添了不少情趣。

厚重的布窗簾、棉窗簾、絲絨的窗簾（這使我想到「亂世佳人」中郝思嘉用來改製成出客衣裙的綠色絲絨窗簾）是禦寒用的；飄逸的白紗窗簾可以增加居室的羅曼蒂克氣氛；那麼，珠簾呢？用彩色珠子串成一條條的珠簾，掀開時會發出細碎的珠子碰撞聲，不也是挺羅曼蒂克的嗎？因爲我會想到珠簾後「深坐顰娥眉」的美人。然後，竹簾呢？竹簾的後面坐的應該是一名正在讀詩或撫琴的高士吧？

至於現代的塑膠百葉窗簾，方便則方便矣，對美化居室，營造氣氛，可說一無是處，不談也罷。

路邊人語

樹的啓示

經過了半個月的霪雨，我發現：那條在兩年前拓寬了的馬路兩旁所種植的樹苗，好像忽然在一夜之間長大了。它們長高、茁壯，細細的枝椏長滿了嫩綠的葉子，顯出了一片欣欣向榮的景象。在初晴的陽光下，它們小小的樹影，已可爲行人遮陰納涼。

看著這一列青蔥的小樹，和它們後面那些原來就生長在人行道上的老樹一比，我覺得：小樹就像是發育期中十二三歲的孩子，它們剛剛脫離了童年，正正急速地成長，眉眼青青，充滿了生命的希望。而那些枝幹挺拔、濃蔭如華蓋的老樹，卻又像是一個個歷盡風霜的中年老人。它們在這個世界上已受過無數次狂風暴雨的摧殘；但是，由於它們堅強的生命力和勇毅不屈的鬥志，所以能夠始終屹立在大地上，而且，向下紮根，向上生長。

無論它是小樹或者是大樹，每一棵樹都會盡量發揮自己的功能。從這一點看來，人是沒辦法跟樹相比的。有些人好吃懶做；有些人苟且偷生；有些人懵懵懂懂、糊裡糊塗的過了一輩子。但願，每個人都向樹看齊。點燃自己，照亮別人；有一分熱，發一分亮。那才不至白活。

都市裡的山羊

有人在路旁的草地上養了幾隻黑山羊。每天，我都可以看見那隻懸垂著一個肥大乳房的母羊帶著兩隻小羊在那裡吃草。那些全身純黑的小羊可愛極了，看牠們帶著天真無邪的表情蹣跚地跟在母羊身後，我就會想到那首英文的兒歌「瑪麗有隻小羊兒……」，以及童話故事中，小瑪麗抱著一隻小羊的插圖。

看著那些山羊在開心地、悠閑地吃著毫不鮮嫩的路旁雜草，我不禁爲牠們感到悲哀起來。這條大路整日車如流水，行人如織，那些青草沾滿灰塵和污染物，多不衛生啊！在我的想像中，這些青草一定不夠甘美。山羊是應該在山泉潺潺流過、綠草如茵、野花似錦的山坡地上享受牠們的食物的。

然而，都市裡的山羊有選擇的餘地嗎？在沒有比較的情況下，山羊可能不會感覺到這些青草並不美味。我只耽心，吃下那些污染的青草以後對牠們健康的損害。自從這個世界到處都充滿了人工的污染以後，無論人類或動物，都很難再找到一片淨土了。

別人的思想

從稍識之無開始，我就非常服膺「開卷有益」這句名言；雖然讀書一向不求甚解，但是始終仍以沉湎書海爲人生樂事。

自從讀了叔本華「讀書論」中：「……在讀書時，我們的頭腦實際成爲別人思想的運動場了。所以，讀書甚多，或幾乎整天讀書的人，雖然可藉以休養精神，而漸漸失去自行思想的能力，猶如時常騎馬的人終於會失去步行的能力一樣。……我們精神，如攝取營養過多，也是無益而有害的。……」

讀了這位哲人的話，不禁惕然而驚。愈想愈覺得自己有「飲食過量」、「消化不良」等現象。怪不得自己這樣愚魯，毫無見地。原來讀書過多的結果，自己的頭腦已變成了別人思想的運動場。

眞想不再做蛀書虫，不再做書獃子，任由自己變得面目可憎，言語無味。然而，這又豈不中了叔本華的計嗎？這也是他的思想而不是我的呀！

短歌

偶然見月

那夜，我到後陽臺去晾衣服，偶一抬頭，猛然發現在兩排公寓夾縫間的一線夜空上，鑲嵌著一輪已有五分之四滿的月亮，正散發著淡淡的清輝，照著人靜的後巷。

好久沒有看到月亮了，我也早已失去賞月的雅興，這輪淡黃色的、像剪紙畫般貼在深藍色天幕上的月亮，並沒有引起我甚麼美感。只是，想到自己居然衹能夠在弄堂間狹窄的一線天上看到月亮，也就不禁爲自己有如井底蛙一般的視野自憐起來。

屋頂的紅花

我的桌子前面有一扇明亮的大窗，窗外可以望見許多人家的屋頂和一座遠山。那些屋頂清一色都是深灰色，遠山也是灰灰藍藍的色調。遇到陰天的時候，舉目望去，一片灰濛濛的，往往使人不自覺地在心頭上也抹上一層灰色。

忽然有一天，有兩盆紅花出現在一個人家的平臺上。遠遠望去，在那一大片灰色中，小小的兩盆紅花，竟顯得光華耀眼，芬芳美麗，引得我時時停筆眺望。

花的主人該不會想到，幾朵紅花、幾片綠葉，竟能爲這一帶的風景線生色如許吧？

夢回故園

兒子把掛在他房間裡的月曆上那個月頁撕下來，放在書桌上。上學以前還鄭重地吩咐我：「媽，這一頁很美麗，不要丟掉它。」我一時記不得那一頁的畫面是甚麼，走過去一看，啊！桂林的風景：那道澄碧如鏡的灕江，岸邊筆立著筍狀的石峰，石峰倒影在江面上，分不出何者爲眞，何者爲幻。這空靈秀逸的山水，正是我多年來魂牽魂縈的地方。我怎會把它丟掉？

桂林不是我的故鄉，但是在抗戰勝利前後，我曾經乘船經過灕江四次，石峰下潔淨的河灘也印有我無數青春的腳步。我愛桂林勝於其他的地方；但願，今宵能夢回故國，重遊灕江的山水。

思古幽情

近來，忽然對那些中藥店、香燭店、裱字畫店之類的古老行業發生起興趣來。因爲，這些店鋪是純中國式的，一絲兒洋味都沒有，置身其間，令人發思的幽情。

我喜歡聞中藥店裡面各種藥材的香味；香燭店內檀香的幽香；更喜歡裱字畫店中那種藝術氣氛。這些店舖，不但純粹中國，而且也是屬於上一代的。在滿街現代的商品中，唯有從這些帶著古風的店舖裡嗅到我們的傳統文化，讓我們的孩子知道一點點我們列祖列宗的生活情形之一斑。每當我走過這些店舖時，就會想起童年時代替母親到中藥店去買金銀花、白菊花的情景。

迷你花園

外二章

在我的眼裡，一切小的東西都是可愛的。小孩比大人可愛；小動物比大動物可愛；扮家家酒的小小碗盤比眞的碗盤可愛；模型汽車比眞的汽車可愛；……由此類推，我對所有的小玩藝兒、小玩具、小模型，只要是具體而微的東西，無不喜愛。由於愛「小」，我幾乎是從童年開始，就不斷地搜集各種小東西；到如今，略有成績的是一些小花瓶、小茶壺之類。休閒的時候，一個個拿出來摩挲把玩，追憶它們的來處，自覺是一種無上的享受。

小花盆我也收集了不小，有陶瓷的，有瓦的，也有塑膠的；大的比茶杯還小一點，小的像小酒杯，全都小巧可愛。可惜買回來以後，一直投閒置散，任由堆放在陽台上，從來不加以利用。

不久以前，忽然心血來潮，把這二三十個小花盆通通洗乾淨，裝上泥土，把陽台花盆中可以插枝的植物分別截取一小株種在小花盆裡。那葉子綠油油，秋天會開紫色小花的是從美國帶回來的瑞典長春藤；那葉子細長，鑲著白邊的是從香港帶回來的吊蘭，三盆銀線葉、兩盆彩芋葉，葉子還沒有茶匙大；兩盆碧翠的蕨類，一盆仙人掌，還有兩盆不知名的植物，原來都是在陽台的大花盆裡自己冒出來，我相信那是小鳥送給我的「禮物」。

算算這些小花盆，已有二十幾盆之多，我買了兩個三層的白色金屬架子，把這些小花盆隨意地擺放在上面，再把這兩個架子擺在客廳通往陽台的玻璃門前面。雖然沒有萬紫千紅，有的只是深淺不同的綠；然而這二十幾盆小小的盆景，已爲我構成一個美麗的迷你花園。透過玻璃門照射進來的陽光，把這些小小的植物滋養得欣欣向榮；而我每天早上又慇懃澆水，對它們像小嬰兒般的呵護；現在，這些原來只不過是一些嫩葉的小植物已長到數寸高，而且還繼續在茁壯中。每當我對著它們一盆盆的細細審視時，那份喜悅，眞不足爲外人道。

在別人眼中，也許這些只是一些卑微的植物，微不足道，不屑一顧；可是，這些卻是我的胸中丘壑，眼底煙霞，我對它們的珍愛，是不下於一座種滿奇花異草的花園的。

玻璃窗上的剪影畫

幾個月以前，我發現我家樓梯間的玻璃窗外現出了一簇樹枝的剪影，細瘦的枝椏、孤零的兩三片葉子，組成了一幅冷峻的畫面，立刻就吸引了我的注意。每次上下樓梯，總不忘多看幾眼，同時還非常感謝樓下院子中那棵粗壯的九重葛的肯慨然惠我以「青睞」。因而又想到，只要時時能運用自己的雙眸作照相機，是隨處都可以捕捉到美景的。

漸漸地這幅玻璃窗上的黑白剪影畫變得枝葉日繁，冷峻的風格不復存在，它的蔓枝簇葉，竟呈現出近乎穠豔的風貌，也似乎更吸引人了。

不論冷峻也好，穠豔也好，這幅玻璃窗上的黑白剪影畫依然是大自然的神來之筆，誰懂得欣賞它，誰就是有福的人，在上下樓梯時，將也不會感覺到空間的單調乏味。

以老樹爲師

我家巷子外面有一塊還沒有被人利用的空地，空地上長滿了灌木和雜草，無人整理，顯得十分雜亂無章。加上一些缺乏公德的人拋棄在這裡的垃圾和廢物，環境相當髒亂。就在這髒亂的荒地中央，聳立著一株數丈高的老樹。這株老樹的外形已十分枯朽，樹皮乾裂斑駁，光禿禿的枝椏斷裂，露出了中空的枝幹，眞像一個已到了風燭殘年的老人。

儘管如此，這株古樹卻沒有衰頹的老態。它傲然地挺立著，枯裂的樹枝巍然指向天空，顯示出一副大無畏的莊嚴樣子，令人生敬。想起有些老人不懂得自求多福，整日怨天尤人，樣樣看不順眼；或者自怨自艾，在唉聲嘆氣中走完人生的旅途，這是何等的悲哀！這等老人，實在應該以這株歷盡塵世滄桑而依然挺立的老樹爲師啊！

我們不但要活得莊嚴，也要老得莊嚴，這樣才對得起自己，對得起生命。

浮雲・倒影

仰望浮雲

「仰臥人如啞，默然看太空。太空雲不動，終日杳相同。」這是一首我在少年時代不知從那裡抄來的詩，也不知它是翻譯抑或創作，只爲了喜歡它的意境，這張發黃的紙已經跟隨了我數十年。每當我站在陽台上仰首眺望雲天時，這首小詩就會出現在我的腦際。

我感覺到很奇怪，我讀過的詩中，帶有「雲」字的可以說數也數不清，像：「秋雲多奇峰」、「浮雲遊子意」、「浮雲一別後」、「浮雲終日行」、「浮雲連海岱」、「不畏浮雲遮望眼」、「何異浮雲過太空」、「富貴於我如浮雲」等等都是，爲什麼我獨獨想起這一首，大概是它給我的印象比較深吧？

我常常這樣想：住在大都市的水泥叢林中，站在陽台上還可以看到不算太小的天空，可以讓自己的思緒飛升到雲端，已經是很幸運的了。藍天白雲原本是很平凡的景色，只要是晴天就可以看得到，有些人還視若無睹，或者不屑一顧；但是在我這個對大自然的美景孺慕若渴的人眼中，這就是一幅莊嚴純淨的圖畫。尤其是在晴秋的日子，長空澄明清澈如高山的湖水，深邃不可測，透明像藍水晶；偶然飄來一片潔白、輕柔、絲綿的白雲，意態悠閒地、懶洋洋地在高樓的頂上盪過；這便會引得我翹首痴望，想像藍天深處、蒼穹之上無垠的宇宙不知是何種景色。想著，想著，有時眞會有乘風歸去，羽化登仙之感；我想：這大概就是天人合一的境界吧？

水中倒影

有很多事物在現實中平凡無奇，透過攝影機或照相機的鏡頭就會變得比較美。爲什麼？因爲它不是眞實的嗎？所以，影片中和照片中所看到的景物往往都比現實中的美，也許這就是所謂的鏡花水月、虛幻人生吧？

同一個道理，我覺得水中的倒影也比岸上眞實的景物美。岸上的景物是死的，水中的倒影卻是活的。波平如鏡時，水中倒影和岸上景物就像對鏡，又像是對摺的剪紙畫，奇趣可掬。而流水的倒影就更多姿多采，波光粼粼，光影迷離，天光雲影共徘徊所產生的效果，變成了一幅變化萬千、有如萬花筒般的不規則的圖案畫。

西方的印象畫派就是以表現光和影爲主要技巧。法國的印象派大師莫內的畫中就常有倒影。有時是河上的白帆，有時是一道拱橋，有時是房舍和綠樹；在他巧妙的筆觸下，畫中的水波流動，倒影也似微微晃動著，令人悠然神往。本來就已很美的水中倒影，在莫內畫中就是美得無以復加。

在我這個崇拜一切美的事物的人眼中，穩重沈默的山固然有一種雄偉之美，蕩漾的水波也自有婀娜飄逸之姿；不過，矗立的山峰和潺湲的流水又怎比得上水中的倒影？水中倒影不也包含了臨流的山麼？水中有山、疑眞似幻，豈不勝於現實中的有山有水？

午夜的思維

午夜夢迴，萬籟俱寂之際，腦海中的一縷思維，往往像一匹野馬，海闊天空，任意奔馳，一發不可收拾。不，它何止是一匹野馬，簡直是電子一樣，在瞬息之間，無往不屆；在時光上可以上達遠古；在地理上，赤道或極地隨意往還；在人際上，從身邊的親友、海外的故舊，可以想到不認識的古今中外人士。

這種奔騰跳躍式的電子思維，有時是一種享受，但也往往因此而飽受失眠的煎熬。偶爾在輾轉反側之餘，忽得靈感或自以爲的「佳句」，則又欣喜若狂，如獲至寶。這類的心情，大約只有容易失眠而又從事勞心工作的人能夠體會。

日間讀過的文章也會影響到夜裡思維的變化。有一次我讀了美國一位身兼科學家、作家、教師、治療師、廣播節目主持人的文章，她談到如何豐富生命，說：「第一點就是要給別人帶來亮光，替別人做一點事，但最好不要讓他知道。」這是多高貴的情操，與我國「爲善不欲人知」的哲理竟不謀而合；然而，在這個「人不爲己，天誅地滅」心態的社會裡，又有誰想到要爲別人做些什麼呢？

那一夜，我捫心自問，慚愧得無地自容。眞的，我這一輩子爲別人做過什麼事呢？

力量薄弱，沒有專門技能，那是不能作爲藉口的。記得年輕時讀《貝多芬傳》，樂聖曾經很自豪地說他是人類的釀酒神，這句話使我印象甚深。的確，他一首又一首偉大的、不朽的樂曲帶給人們以歡樂和慰藉，勝過任何醇醪。可是，我這名渺小的、才拙的文人，又寫過什麼受人青睞的作品，甚至連博君一粲都做不到，能不汗顏？當然，我一個小人物憑什麼去跟樂聖相比，只不過我們有一個共同點，彼此都是心靈的工程師罷！

既然自己的創作釀不出美酒，對讀者毫無貢獻，爲什麼不換個角度來看看自己還有什麼可以爲人群服務的能力？我想起了美國故總統甘迺迪的一句名言：「不要問國家爲你做了什麼，要問你自己爲國家做了什麼。」就更加羞慚愧赧。年輕時也曾萌生過投筆從戎的壯志，可是又因體弱怯懦而不敢獨自離家。退休後也想過去當義工回饋社會，卻又已超齡。就這樣蹉跎復蹉跎，任自己投閑置散，不知浪費了多少寶貴的光陰？

我在床上翻來覆去，越想越睡不著，一頭思緒已紊亂如麻。忽地腦海中閃過「勿以善小而不爲」這句古語，憑著個人薄弱的棉力，在社會上做一顆完善無疵的螺絲釘總可以吧？盡量節省有用的資源；少用幾個塑膠袋；扶持一位盲胞過馬路，在公車上讓位給老殘……儘管這些都是不足道的小事，人人能夠這樣；我們的大環境豈非更加美好，社會也會祥和得多嗎？

麻亂的思緒漸漸整理平順，睡意漸濃。在夢中，我耐心地在替一位不識字的老婦人填寫一份表格。

蘭花草‧蟬鳴

陽台上那盆多年前從中部山上帶回來的蘭花草忽然開花了。

老實說，我並不知道它的眞正名字，只是從它那些韮菜似的葉子上推測是蘭。以前，它只偶然開一朵花，粉紅的，有著黃色的花蕊，亭亭的玉立在條狀的綠葉上，也自有動人之處。後來，不知怎的，就再也不開花，我只當它是一盆韮菜或野草，根本懶得去理會。最近在給其他的盆花施肥時，順手把剩餘的撒在這盆「韮菜」的泥土上，想不到，幾乎在一夕之間，幾年不開花的蘭花草竟然冒出好幾朵美麗的淡紅色花朵就盛開起來，現出了一片欣欣向榮的繁華景象，眞是大出我的意外。

可惜這種花的花期很短，幾乎像是曇花一現，頂多經過一晝夜就凋謝了。還好，一批花枯萎了，另一批又綻放起來；前仆後繼的，永遠有著花朵盛開，有一次還多達八朵並開，滿眼繁花，看得我也心花怒放。

這盆蘭花草之所以有今天的盛放局面，雖然是由於我的無心插柳；不過，假使沒有那次的偶然施肥，它豈不是永遠是一盆「韮菜」或野草？花猶人也，得不到栽培，眞才就始終被埋沒，無法出人頭地，豈不是扼殺人才、暴殄天物？

蟬

我是一個都市土包子，除了在圖畫上，從來不曾看見過一隻眞正的蟬；最近，卻一直在和蟬打交道，眞是匪夷所思。

入夏以來，每天早上都從屋外傳來陣陣響亮的蟲鳴。我雖然孤陋寡聞，但也知道那是蟬的聲音。牠們是那麼喧鬧，既像一大群剛下課的小學生在那裡追逐嬉戲，鬧翻了天；也像一個百人的交響樂團正在管絃和打擊樂器齊鳴。吵是吵，然而並不惹人厭。

我很想看看這些頑童或樂器的廬山眞面目，卻又不知牠們躲在那裡。聽，高亢的蟬鳴一陣響似一陣；有時近一點，就像發自樓上叢密的九重葛枝頭；一會兒，又像是藏身在路旁的茄冬樹梢上。套兩句唐詩，眞是「巷中不見蟬，但聞蟬聲響」，多麼的神出鬼沒。

這些小小的昆蟲，不知那裡來這麼大的氣力，從腹部的發音器發出如此嘹喨的聲音，聽起來就像人在恣意的嘶喊或高歌，是要發洩些什麼嗎？

這每天清晨定時的交響樂團，總要大張旗鼓的、盡興的演奏幾首曲子之後，這才漸漸偃旗息鼓，銷聲匿跡，不知歸於何處。然後，第二天又捲土重來，舉行一場盛大的早晨音樂會，饗人以喧鬧的樂曲。

我至今仍然未識蟬兒面，但是我已喜歡起這些小樂手。

遨遊四海樂不思蜀

我是個好靜而又十分戀家的人，每次出門只要超過半天就會想家，結果總是不能盡興就匆匆趕回去，我對家依戀的程度簡直就像個無法斷奶的嬰兒。然而，在另一方面，我身體內又似潛藏著一些好動而不安於室的細胞——對旅遊的熱愛。只要有時間，我絕不放過任何旅遊的機會；一旦置身旅遊，我便感到快樂得不得了，忘記了自己，也忘記了家，樂不思蜀。

眞的，舒舒服服地坐在噴射客機上或者豪華的遊覽車內，一天觀光一個城市，住四星級觀光飯店，吃各地風味不同的美食；家務、公事、稿債、人情債統統拋到腦後，全心全意去欣賞山光水色，異地風情；世界上還有比這更愜意的事嗎？自從二十多年前第一次到韓國和日本觀光之後，我就深深愛上了旅遊（尤其是到海外去），幾已到了不能自拔的地步。

有人對參加旅行團任人牽著鼻子走馬看花的旅行方式多所詬病；但以我這類既不能幹也不精明的人而言，跟團卻是最方便省事的一種。另外一個好處是省錢，花同樣的錢，你是絕不可能玩那麼多地方的。三十年來，我進出國門的次數已記不清了，除了去探親之外，我有過五次跟團的經驗，固然也有過小小的不快，大體而言，那五次旅遊都相當令人滿意，交到一些新朋友，也留下不少終身難忘的印象。

出國旅行，我喜歡到先進的文明國家而不願去落後地區。旅遊是爲了尋找快樂、鬆弛身心，我幹嘛要到那些不文明的地方去受衛生條件太差之罪呢？我愛清潔、喜歡美麗的東西（很抱歉，太嬌生慣養了）；因此，我旅行的地點都挑那些高度開發的國家，未開發的國家，即使天然景色再美，也只好割捨。

我最喜歡坐在遊覽車內，任它載我馳過筆直漫長的高速公路或者都市中的通衢大道；我憑著車窗眺望兩旁的景物向後倒退，變化萬千；遠山、近水、樹木、房舍、市招、行人……在我眼中都是圖畫。旅遊之樂，這便夠了，這些景物雖然是過眼雲煙、驚鴻一瞥，但卻長駐我心頭。

我參加過的五次跟團旅遊，第二次是只有三天旅程的美加邊境之旅，我單人匹馬參加，卻萍水相逢認識了兩位泰國婦女，竟然一見如故。一次西歐之旅和美國之旅都是跟好友們一起，就更加樂不思蜀。長達十七天的旅程，到末尾我仍覺意猶未盡。「怎麼這樣快就要回去了？」我在內心拒抗著，巴不得旅途永遠走不到終點。這時，我戀家的心根本敵不過對旅遊的痴迷。

少年時代我曾經是小說迷、電影迷，成年後又迷上古典音樂；想不到後來竟變成了旅遊的「發燒友」。我的理想是一年出國旅遊兩次，如不可能，則起碼一次；要是一年中一次也去不成，就會懊喪不已。因爲喜愛旅遊，我連相關的文章、資訊、電視節目、各國的風景明信片也統統愛屋及烏起來。有時，太久沒出遠門了，就會找些遊記或介紹各地風光的錄影帶來看，即使只是臥遊，也可以過過乾癮。

一位也跟我有志一同，對旅遊十分鍾情的文壇前輩說過：「旅行是樂事，但是旅行的同伴則要選擇，必須有三「同」才可以玩得痛快。一是體力相同，二是財力相同，三是興趣相同。」旨哉斯言！不過，老實說，這樣的旅伴也並不太好找。

想到這裡，我一顆喜愛驛動的心又像饞虫般開始蠢動起來。暑期是旅遊旺季，我不喜歡湊熱鬧，不如計劃秋深後去北國看紅葉吧！

他鄉的月亮

奇怪吧，我這個喜愛大自然以及一切美好事物的人，對月亮竟然沒有太大興趣，因爲我嫌它太單調，遠不如滿天閃耀的繁星來得誘人。不過，今年的中秋節我卻心血來潮飛到香港去過；當然，我不是爲了賞月而去，他鄉的月亮那裡比得上故鄉的明，我是爲了和我的弟弟妹妹們團聚而去的。

分別了不到一年的光景，香港街頭的遊人更多了，簡直是滿坑滿谷，摩肩接踵，水泄不通。更嚇人的是，無論大小食肆都隨時客滿，有些聞名的小吃店的門口還有一大堆食客在排隊，等候入座，看起來一副世紀末的景象。我相信，在這些人中間，絕大部分是搶在九七來臨之前，想看看這顆東方之珠最後容顏的觀光客；當然也有不少本地的美食家，因而就構成了這種人山人海的奇觀。

中秋夜，我們姊妹弟六人團圓在一起，品嚐著妹妹們親手烹調的家鄉菜餚。大家舉杯互祝健康之餘，忍不住想起了已經去世的雙親和二妹，在歡樂中又不免摻進了絲絲悵惘，人生爲什麼總是不能永遠圓滿？

飯後，我和兩妹在家的附近散步。這裡是半山區，地勢高，才走了沒多久，就在遠處兩幢摩天樓中間的一片天空上看到了剛升的圓月。我說過我對月亮並不特別喜愛，多年來也早已失去了賞月的雅興。然而，此時此地的景色卻給予我一股強烈的震撼力，我竟被懾住似地呆立著。

在夜色中，兩幢黑黑的高樓上，千百個窗口全都燈火輝煌，閃耀著紅黃或白各色光芒，有如兩幅鑲嵌著無數鑽石、瑪瑙、水晶、琥珀、珍珠……的黑絲絨。而這兩幅絲絨之間卻懸垂著另外一塊深藍色的帷幕，帷幕中間又鑲著一顆碩大無比、晶瑩皎潔的夜明珠。請恕我用庸俗的寶石來形容當前的美景；但是那就是我當時所得到印象與感受，我只能這樣表達出來。可喜的是，高樓的燈火並沒有奪去明月的清輝，朗朗的月色也沒有掩蓋璀璨的燈光，反而是互相輝映，相得益彰，構成了一幅絕妙的疑眞似幻的超現實圖畫。

我呆立著抬頭望月望了足足五分鐘，我才依依不捨地繼續往前走，因爲我總不能一面走路一面看月，而演出絆倒摔跤的笑劇吧！果然，才轉一個彎，月亮就被別的高樓擋住了。街上有很多小孩提著五彩繽紛的燈籠走過，我說：不是元宵才提燈的嗎？妹妹說：中秋提燈，是廣東人的習俗呀！你怎麼忘了？我眞的忘了。少小離家老大回，我這個落地生根於異鄉的人早已變得四不像：口音不純，南腔北調；家鄉的生活習慣也已遺忘在童年的夢中。這大概就是成長在亂世中的人的悲哀與無奈吧！

我們沿著山路緩緩地散步了約近一小時，大家又說又笑的，彷彿回到兒時。可惜，遙遠的兒時歡樂在現實裡已不可復得。不過，只要大家依然健在，過得幸福，已成年的手足之間要是能夠一兩年團聚一次，雖然彼此生活在不同的土地上，也就應該滿足了。

月亮在一幢幢矗立的樓宇間時隱時現，像是個頑皮的孩子在跟我們捉迷藏、躲貓貓。我既然志不在賞月，也沒有特地停下來多多欣賞她的芳姿。我倒是很想能夠體驗一下「山月隨人歸」的況味，但是在這種高樓櫛比的半山上，根本不可能。平的這裡的環境還算清靜，今夜卻是人影沓雜，笑語喧嘩，充滿了節日的歡愉。對我而言，這也可算是此生難忘的中秋夜（我已多年不過中秋了）。只不知，明年今夜，九七大限過後的香港人，看月的心情是否一樣？想到這裡，心頭頓時蒙上一層陰影，不禁默默向上蒼禱告：「但願人長久，千里共嬋娟」。

我已是臺北人

幾乎從來不曾有過這樣的感覺：臺北竟然如此美麗？我那完全不像是北臺灣的初冬，居然風和日麗，天空澄碧而透明得難以令人置信。我從貴陽街走向中山南路，在經過外交部後門，快要轉往中央圖書館時，迎面而來的瑰麗景色霎時間把我驚懾住了。中正紀念堂「大中至正」的牌坊巍峨地矗立在金色的朝陽下，它那莊嚴的藍、純淨的白，襯托著路旁茂密的綠、飄揚的國旗，以及背後堂皇華麗的國家劇院的黃瓦紅柱，構成了一幅姿多采、絢爛奪目的畫面。我痴痴地在人行道上站立了幾分鐘，忘情地盡情地欣賞這良辰好景。臺北原來是如此美麗，我愛煞了它，我深以身為臺北人為榮。

當然，我也知道，這裡只是臺北的一小部分，臺北還有著許多髒亂落後的地區（那一個城市沒有呢？）臺北在國際上有著很壞的名聲：交通混亂、環境污染；臺灣又是「貪婪之島」和「賭國」；而這裡的治安也的確令人擔心。儘管它有不少的缺點，可是，兒不嫌母醜，作為一個在這裡居住了四十多年的人，對這片土地已發生了深厚的感情。它再醜，我想我也會容忍；何況，它的確有許多美麗之處，也有它可愛的地方。

在還沒有來到臺北之前，我做夢也沒有想到，在這裡竟會一住四十多年，佔去了我的大半生。在這漫長的歲月裡，我覺得我已是個道道地地的臺北人。我生長在廣州，但是我在那裡前前後後只住了十幾年。我身分證上所記載的籍貫是廣東中山，但那只是我的祖籍，我從來沒有去過中山縣。雖然我的母語是廣東話；可是我跟我的孩子說的是國語，因爲我認爲此地不是廣東，我沒有理由要他們學粵語。相反地，爲了適應環境，我來到臺北不久就學會了這裡的方言——閩南語。早期我說得還不錯，有時還可以魚目混珠。不過近年來由於大家的國語都說得很好，我的閩南語已無用武之地，也就因生疏而退步了。

我不明白爲什麼有些人堅持使用自己的母語，總彷彿講了別人的方言就吃虧。我則剛好相反。早年我認識一批江浙朋友，就學到了一點點上海話；到了重慶，我入境隨俗的說起四川話來。來到臺灣，不但學會了閩南語，甚至客家話我也聽得懂。我覺得，方言懂得越多越方便，也是拓展人際關係的不二法門。褊狹的地域觀念已是十分落伍，那只代表了一個人的胸襟不廣而已。一場八年抗戰，一次戡亂，迫使各省的人離開家鄉，到處流浪。雖則濃重的鄉愁使這些人在江湖上老去；從另一個角度看來，這也是中華民族兩次大鎔合的機會。沒有抗戰，我不會迢迢千里跑到山城重慶，不是因爲大陸失守，我也不會渡海來到臺灣。既然來了，而且一待四十多年，雖然也會思念故鄉（其實，所謂故鄉，只是我的出生地而已）；但是我也心甘情願地承認自己已是臺北人。

臺北有許多美景，中正紀念堂前的景觀只是其中之一。我愛臺北也並不是由於它所擁有的美景，而是因爲我在這裡過了安定的四十多年，我是居民的一分子。我希望臺北更加安定，永遠美麗；有誰想去破壞它的安定和美麗，誰就是全民的敵人。

地緣

偶然在電視上重看了一部以義大利水都威尼斯爲背景的舊片，鏡頭中波光瀲灩的運河、古舊的房屋、廣場上的鴿群、河上穿梭往來的「舡都拉」，……，因爲自己曾經是威尼斯的過客，一切都曾經目睹，所以看起來特別親切。一部水準不高的片子，由於有了這一點點「地緣」的關係，在感受上跟第一次觀看時竟然完全不同。

人與人之間講究緣份，有些人有人緣，有些人沒有人緣；甲與乙有緣，與丙就不一定有緣。人與地似乎也如此，有些地方有緣去過，有些卻似乎無緣。這些年來，有幸也到過不少名城勝地，只要是自己足跡踏過或者勾留過的，就會不期而然的對那個地方發生感情，把它當作是朋友看待，以後要是有機會再遊，就會有一份故友重逢的喜悅。

記得多年前第一次重回僑居地香港省視雙親時，父親陪我去看少年時代的舊居，妹妹們陪我去看我當年上過學的校舍；雖則經過戰亂，人事景物都早已全非，但是一草一木、一磚一瓦，仍有蛛絲馬跡可尋；於是，一種時光倒流、恍如一夢的感覺，也使得我悲喜交雜、情緒激動。我天天到曾經印過我少年屐痕的大街小巷徘徊，希望能拾回一些舊夢；可惜光陰如逝水，往事已矣，剩下的只是滿腔的惆悵。

七年前赴美，在紐約大兒家住了一個月，也出去玩過幾次。有一次，二兒開車帶我出遊，到了賓州大學所在地的費城。我一想到這是半個多世紀以前父親就在這裡求學，對這個城市立刻又有一種親切感。後來雖然因爲時間不夠，無法到賓州大學參觀，也覺得這是一次地緣。

另外一次是在紐約獨自參加旅行團到尼加拉瀑布去觀光。回國以後，我就對紐約的中央公園、林肯中心、大都會博物館、華埠、地下鐵……，還有多倫多、尼加拉瀑布等地念念不忘。凡是以紐約市或者尼加拉瀑布做背景的電影我都絕不錯過，要是在鏡頭上看到自己到過的地方，就驚喜得像是碰到了老朋友。這份癡狂，一直到了近年才漸漸淡去。

去秋，有機會到歐洲去旅遊了一次，世界名城如倫敦、巴黎、羅馬、日內瓦等都算去過了，再加上旅途中經過的其他的城市，不下十幾個地方；然而，奇怪得很，在這麼多的地方裡，有些印象深刻，有些則印象模糊。雖然我覺得那次的旅遊太過匆促，希望能再遊一次；不過，不見得每個地方我都想再遊，還是得有選擇性的。也許去的地方多了，不再那麼稀奇巴拉；也許年齡漸長，不再那麼容易動心吧？

奇怪的是，日、韓兩國是我除了香港之外第一次遠遊的地方，可是回來以後我卻很少想到它們，就算在電視上、電影上看到曾經相識的鏡頭，也是無動於衷，沒有甚麼親切感，這又似乎是跟我無緣。

等到有朝一日，我又回到我生長的地方，重睹睽違了多年、夜夜魂牽夢縈、刻骨相思的家鄉時，眞是不知涕淚的何從了。這是一份血濃於水、骨肉相連的感情，又豈止是一種地緣呢？

詩的廣場

雖然香港算得上是我的故鄉之一，但是九龍那邊的紅磡我卻始終不曾去過。月前我去香港探親時，妹妹們特地陪我去玩。原來我心目中只是個工業區的紅磡，如今竟是一處街道整潔、高樓林立的現代化新社區，不禁爲自己的孤陋寡聞感到慚愧。這個社區名叫「黃埔花園」。「黃埔」二字與我們的黃埔軍校無關，整個社區則眞像個花園。

社區中有一家叫做「大衆文化城」的大型書店，外面的廣場上矗立著十來根白色圓木柱，每一根圓柱上各以秀麗的、飯碗大的黑色楷書展示出一首詩。有中文的，是杜甫的〈客至〉「舍南舍北皆春水，但見群鷗日日來。……」；英文的是司各脫的〈青春的自豪〉；韓文的我只看得懂中文的題目，是〈水仙花〉。此外還有日文、阿拉伯文、法文、德文、西班牙文的……，看得我滿懷喜悅、心花怒放，徘徊不忍遽去。好一個高雅的詩的廣場！爲什麼在台北卻找不到？

千老匯

在紐約金色的秋陽下，我和兒子到林肯中心去聽一場為紀念孟德爾頌而舉辦的音樂會。快到門口時，我看見兩位滿頭銀髮的老太太步履蹣跚地互相扶持著走進去，不禁大為感動，好熱情好可敬的愛樂者！接著，我又看到三三兩兩走過來的聽眾，有男有女，統統是上了年紀的。走到室內，進入會場，更令我大為驚訝：這些樂迷裡面，竟然百分之九十九是銀髮族，男的衣冠楚楚，女的盛裝打扮。其中還不乏拄著拐杖，撐著助行器的（還有的坐著輪椅從另外的入口進場）。想不到，美國的資深公民如此熱愛古典音樂（當然哪！新新人類才不愛聽這些老骨董）。相形之下，年輕的聽眾少之又少，其中又大都是亞裔，大概都是念音樂系的學生或音樂工作者吧？於是，我變成了這些人中間的另類。

我兒開玩笑說：「眞是千老會啊！」起初我以為他說的是老人多；一秒鐘後，就悟出他說的是「千老匯」，因為百老匯大道正在林肯中心的旁邊。哦！百老匯旁的「千老會」或「千老匯」。我不禁莞爾。

去年訪美，足跡北到緬因州，南到休士頓，而在紐約停留最久。兩個月中間，瘋狂地聽了五場音樂會，包括了交響樂、協奏曲、管絃樂，再加一場歌劇唐喬凡尼，可說飽享耳福。平時在家裡，我聽收音機或放CD就滿足；但是聽現場演奏，感受自是不同。在富麗堂皇的音樂廳中，與幾千同好一同沉醉在美妙的樂聲裡，一起鼓掌，一起喊安可，那種衆樂樂的情緒，會隨著音樂而高漲；到了終曲，所有的管絃和打擊樂器恍如千軍萬馬般澎湃齊鳴時，更是令人血脈僨張沸騰，渾忘一切。尤其是在學音樂的大兒的指點解說下，欣賞的深度似乎又進展了一些。這豈是聽收音機或CD所能相提並論的？

自從那次在林肯中心恭逢了「千老匯」之盛後，以後參加的幾場音樂會，不論是白天或晚上的，我發現每一場的聽衆都是銀髮族佔了絕大多數。在這些長者中，有夫婦同行的，也有單槍匹馬的，而且有很多都不良於行；但他們全都煞有介事，盛裝赴會，令人對他們的愛樂精神，肅然起敬。

我算不上樂痴，甚至連樂迷也談不上；但我對古典音樂的鍾情，是從少年時代到現在都堅守不渝，無可取代的。去秋在紐約有幸目睹並身歷的「千老匯」，知道了世界上有這麼許多愛樂的「老」朋友，深感吾道不孤，眞是快慰平生。

去年紅葉

去年九月，我住在位於麻州北部、靠近新罕布什爾州一個小城「全是福」的二兒家時，清晨起床，發現氣溫往往低到攝氏五、六度，空氣涼颼颼的，使我這久居亞熱帶的人見識到什麼是秋天。以往，每次來美都在暑假，只有十多年前的一次是在十一月，那次居然碰到了華府的初雪，又在水牛城看到了紅豔如火的楓葉，讓我這個南方土包子大開眼界。對！紅葉，那次行色匆匆，看得不過癮，現在又給我碰上北國的初秋，該讓我好好欣賞一下北美的楓紅了吧？二兒看見老媽對紅葉如此痴迷，不到九月中旬就開車載我北上緬因州及新罕布什爾州的郊野到處逛。不知是我們太性急還是氣候還不夠冷，我們所看到的樹林和行道樹統統還是一片濃綠，頂多點綴著一些黃褐色的枯葉，毫無美感，未免大失所望。有一次，就在二兒家附近一個小池塘旁邊，偶然看到有兩棵小小的楓樹竟已滿樹嫣紅，在晴秋湛藍天空的襯托下，出奇的豔麗。我高興得大呼小叫，眞是踏破鐵鞋無覓處，得來全不費工夫，自有一番意外的喜悅。

九月下旬到紐約的大兒家，他早安排好一連串聽音樂會、參觀博物館、遊覽名勝等節目。十月下旬，大兒陪我去康州的新港、普林斯頓大學校園、赫德遜河岸……等地去拜訪我的最愛——紅葉。幾次紅葉之旅中，印象最深的是坐在前往康州的火車上，一路上欣賞鐵路旁的紅樹。滿樹叢叢簇簇的紅霞固然瑰麗，但是我比較愛看那些有著幾種不同顏色葉子的楓樹，我覺得那更加絢麗多彩。秋神的渲染手藝眞是無與倫比。請看，一棵樹上有多少不同色彩的葉子：草綠、橄欖綠、杏黃、鵝黃、橘黃、胭脂、玫瑰紅、朱紅、酒紅、赭紅、茶褐、淡棕、深棕……，在金色秋陽的照耀下，這些彩色繽紛、璀璨奪目的樹葉彷佛是用祖母綠、琥珀、玳瑁、瑪瑙、紅寶石、石榴石等寶石造成的。正因它們如此美麗，我一路上都是把頭轉向車窗外，目不轉睛，貪婪地不放過任何一棵紅樹。於是，油然想起了一句唐詩「越女如花看不足」，又擅自把它改爲「紅葉如花看不足」，這就是我當時的心境。

大概基於「數大就是美」的原則吧？去年我在美國所觀賞過的幾個地方的紅葉，似乎以康州的最美。因爲那漫山遍野的紅樹都是參天古木，枝葉又茂密；變紅的楓樹像一樹紅雲，變黃的白楊樹則滿枝椏金箔。它們彼此簇擁著，雄偉地矗立著；這時，它們又從如花的越女變性爲一群盛裝的古代將軍，威武而壯麗，令人想起了要用華格納的音樂去謳歌。

然後，到了十一月，紐約市中央公園的楓紅也開始燃燒了。不久，我發現大兒住家的社區內也有好多漂亮的楓樹，它們的紅葉一點也不輸給任何名勝區。接著，門前的行道樹、院子裡的楓樹，也次第裝點出嫣紅的霜葉；鄰居一株小小的日本楓更是不甘示弱，與衆大樹爭妍鬥麗：一時之間，屋前屋後，滿園秋色，濃得化不開。我依舊痴迷地日日在窗前校閱這些成群結隊、綽約多姿的紅樹；有時也在社區中尋幽攬勝。偶有所獲，便爲之狂喜，暗笑自己捨近求遠，不知紅葉就在身旁。

十一月中旬，爲了怕住在休士頓的么兒埋怨我這個老媽不公平，冷落了他，就離開紐約，揮別紅葉，跨越半個美國南飛德州。

事隔一年，美東那些美麗繽紛的紅葉依然歷歷在目；想不到，我曾經勾留多次、相當熟悉、也已有了感情的世界第一名城紐約，就在秋天初臨之際，遭遇到一次舉世震驚的空前浩劫。今年，紐約人還有心情欣賞紅葉嗎？在人溺已溺的心態下，經過這番強烈的震撼，在我的眼中，世間許多美好的事物都已蒙塵。

第二輯　黃金歲月

天倫雅集

三兒從櫃子裡拿出一個古色古香的陶質酒瓶，對剛從太平洋彼岸回來探親的大兒說：

「大哥，要不要嘗一嘗蘭陵美酒？朋友從山東帶回來送我的，很夠勁的哦！」

蘭陵美酒？好詩意的名字，莫非就是李太白當年品題過那種？我是滴酒不沾的，根本不管它的味道如何。只是，這酒名令我想起了酒仙的名句「蘭陵美酒鬱金香」。

我搖頭晃腦的吟哦著，可就怎樣也想不出下一句。圍桌而坐的老小三代居然也沒有人記得。

「欲飲琵琶馬上催。對不對？」剛上國中的孫子有點膽怯的低問，不過他的眼裡卻掩不住些許得意的光芒。

這可把所有的人都笑疼了肚皮，笑出了眼淚。

「大錯特錯！你眞是張冠李戴啦！你把葡萄美酒當成蘭陵美酒了。催和香又不同一個韻，傻瓜！」他的姐姐得理不饒人，趁機糗了弟弟一頓。

「好了！弟弟只不過是一時記錯吧！別說了。」我暫充和事老。

「有了！有了！這上面果然有李白的詩，我唸給你們聽。」三兒在酒瓶上發現有一塊垂掛著的小牌子，高興的叫著。

「蘭陵美酒鬱金香，玉盌盛來琥珀光。但使主人能醉客，不知何處是他鄉。」

大家同聲吟哦著，頻讚是好詩。喜歡追根究柢的我想知道這首詩的題目，因爲牌子上沒註明。上高中的孫女到房間裡去拿出一本《千家詩》來，一下子便找到了，原來是〈客中行〉。

爲了要引起大家讀詩的興趣，我建議外子用他的家鄉話閩南話來讀一遍。聽完了他標準的河洛音之後，我本來也要表演用正宗廣州話來讀的，可是大兒搶先說他要試試看。結果，他用粵語讀詩雖然不夠字正腔圓，倒也沒有什麼出錯，以一個漂泊海外二十多年的遊子而言，眞也難爲了他。

「你來用客家話唸唸看。」我對祖籍廣東蕉嶺的三媳說。

「不，我不會。」她靦腆的推辭著。這也難怪，出生在台灣的孩子，家鄉是甚麼樣子都不知道，又怎能要求他們用他們父祖輩的方言來讀詩呢？於是，我又央外子用上海話唸一遍。我發覺：無論用那一種方言來唸詩，都各有不同的韻味。

這只是一頓簡單的晚飯，繞桌而食的家人並不多，今晚喝酒的也只有外子和大兒、三兒父子三人。我不知蘭陵美酒是否帶勁；但是，三代人一起讀詩卻是從來不曾有過的雅興與情趣。我沒有喝酒，然而，此情此景也足以令我陶醉萬分；我也分不清台灣到底是不是不他鄉了。

好一次天倫雅集！好一次詩之「宴」！

辜負「名」琴

很多年前我曾經擁有一台義大利製的桌上型電子琴，小小的，只有二十幾個鍵。但是，它造型美麗，還有兩組和弦，彈起來也挺像樣的。我對它珍愛得不得了，在不懂指法，不管拍子的隨興與亂彈下也自得其樂。

十幾年前外子買回一部正式的日製電子琴，可以彈出鋼琴、大鍵琴、風琴、弦樂四種音色；可是我仍沒有去學指法。都一大把年紀了，花這種功夫作什麼？彈琴是爲了自娯，用單指彈出自己心愛的樂曲，自己聽著愜意，不就得啦！

三年前大兒回國，學音樂的他忽然心血來潮要教我們兩老學琴，每天撥出半小時不憚煩的爲我們講解淺易的樂理。可惜我們兩人都相當冥頑不靈，左耳進，右耳出，完全是兩塊不可雕的朽木，白費了兒子的一番心意。

今年，爲了替他們老爸做壽，海外的三個兒子和這裡的三兒合送了一部更新型的數據電子琴給外子，八十八鍵，跟一部普通鋼琴一樣大，彈起來音色也跟鋼琴一樣。可是，天下沒有白吃的午餐，大兒原來別有用心。他特地從紐約帶回來兩册專爲成人學習的簡易琴譜，要我們依樣畫葫蘆，每天做功課，並以一年爲期，他明年要回來驗收成果。

學琴固我之所願，誰不想自己能夠坐在琴前，十指如飛的彈奏出一首又一首美妙的樂曲呢？我的確曾經照著簡易琴譜上的指示，試著先練指法。無奈，已經開始僵硬的手指硬是不聽指揮，顧得了右手便顧不了左手，窘態百出，彈出來的琴音更是咿啞難聽，眞是辜負了這部相貌堂堂的「名」琴。

大兒還不肯放過我們，每次寫信來都不忘叮嚀幾句，他大概忘記了我們的年齡了吧！即使我們願意臨老學吹打，也是力不從心了。

我準備在信上告訴他：「老狗是教不會新把戲的」，老爸老媽要求饒啦！我們都覺得：「自由彈」很快樂。

快樂的車廂

對一般上班族而言，星期天是一家人團聚的日子，一週一次，彌足珍貴。而我們一家，打從早年兒子們還幼小時，就每個星期天一定帶他們出去玩：看電影、上館子，參觀各種博物館，到陽明山、新北投、淡水、烏來、金山、野柳等地郊遊，逛動物園及兒童樂園……。每次都不辭勞苦，讓他們玩到盡興爲止，我們做父母的這才覺得盡了自己的責任。

如今，兒子們都已做了父母，他們也跟我們當年一樣，極力給予孩子們享受每一個星期天。我的四個兒子當中，有三個在海外落地生根，只剩下老三一家陪我們住在臺北。不過，我們並非住在一起，而是對門而居。我覺得這是兒女結婚後和父母相處最理想的方法：彼此既不打擾，又可以就近照顧，一舉兩得。

我家老三是個工作狂，但是也很顧家，而且愛玩。只要有空，他每逢星期天就會開車載著他一家四口加上我們兩老到處去玩，路線也跟當年他幼小時差不多。一則臺北可玩的地方並不太多，二則他可能想重溫童年舊夢吧？可不是，一晃眼之間他已步入中年，而我們也已升級爲祖字輩。每當車子駛過兒子童年走過的道路時，一種世事滄桑之感就會油然而生。

老三還是像當年的我們一樣，每個星期天帶大家去吃館子或郊遊。我不在乎東西好吃不好吃，或者那個地方好玩不好玩，我最珍愛的是我們一家三代六口擠坐在車廂裡大擺龍門陣的那一段時刻。

我們往往利用在那狹窄空間裡彼此最親密的時間，打開每個人的話匣子。六個人之中，外子最沈默，是唯一的「聽衆」。媳婦話也不多，卻是她兩個孩子取笑捉弄的對象。兒子專心開車，但也不甘寂寞，不時會插進幾句。上小學的孫子因爲年幼，說不過他的姊姊，不過絕不放棄任何跟姊姊抬槓的機會。孫女是全家最愛「蓋」的一個，她滔滔不絕、巨細靡遺的詳述她學校中的趣聞或電影情節，毫無冷場；但是往往也因爲使別人無法置喙而激起公憤，只好心不甘情不願的閉嘴。我在這個場合中話也很多，考孫輩的歷史地理、英文字彙，玩腦力激盪遊戲，寓教於樂，孩子們都很樂於接受。行車途中，小小的車廂內充滿了歡笑；即使不上館子，不去郊遊，光是那些快樂的對話，就足以把一週以來的疲勞滌盡。

可惜，兩個孫兒漸漸長大，他們要上補習班，要應付聯考，這兩三年來，他們已失去了星期天，而我們三代人在星期天一起驅車出遊的機會幾乎沒有了，前些年車廂中的觀樂已不可復得。想起李叔同「憶兒時」那首歌的最後兩句「兒時歡樂，斯樂不可作」，我也要說「昔年歡樂，斯樂不可作」，不禁爲之悵然。

喜悅

兒子的書

我和老伴把那包沉重無比的包裹從郵差先生手中接過來，放在地上，拖進樓梯間，然後再連拖帶推的弄上三樓，兩人都已氣喘如牛、筋疲力盡。這時，在先睹爲快的心情驅使下，我顧不得喘息未定，便找來剪刀把這個出版社寄來的大包裹打開，取出裡面的新書來見識一番。

這是大兒的第一本譯作。厚厚的四百餘頁，專業性、學術性的內容，對面典雅，印刷精美，一看便愛得不忍釋手。儘管我自己已出過三十多本書；但是，此刻的喜悅卻遠勝自己出書時。更何況，這是一本有關音樂的書，正合我意？

我迫不及待地先讀譯序，大兒花了兩千字的篇幅詳述他翻譯這本名家著作的心路歷程，寫得有稜有角，使我暗叫慚愧：果然是後生可畏，青出於藍。大兒是先學外文，出國後才改行學音樂的。他從來不寫作，此次翻譯只是客串性質；可是，我多希望他不要荒廢他文學方面的才能，畢竟，母子同行是件美事。

因爲大兒長居美國，送書給此間親友的工作便落在老媽身上。還好他不喜沽名釣譽，也不愛自我宣傳，出版社贈送的二十本書（一本重達一台斤，所以那個包裹會那麼沉重），他只送十幾本給一些此間的至親好友作紀念，不算太麻煩。在三兒的幫忙下，終於寄的寄，送的送，全部打發掉。忙碌了幾天，倒有點家裡辦喜事的樣子，在勞累中摻入了絲絲的甜蜜與欣喜。

自己又不是沒有出過書，四十年來三十多次的經驗都沒有這次來得興奮。爲什麼？

曼谷來的蝴蝶蘭

么兒從美國出差曼谷，順道回台灣看我們。他把曼谷酒店送他的一枝蝴蝶蘭包在塑膠袋裡帶來給我，我欣喜地接過來，把它插在花瓶裡。

一英尺長的花枝，點綴著四朵盛開紫紅帶白的蝴蝶蘭，枝梢上還有四朵蓓蕾，斜插在一個淡藍色的膽瓶裡，老實說，並不算太美麗。但這是么兒的一番心意，還是得讚美幾句。

么兒在家裡只停留了兩天就回美；他留下的花兒卻欣欣向榮，在瓶裡繼續生長了五週，簡直是奇蹟。蝴蝶蘭不是耐久的花卉，最下面的一朵在一兩天後就萎謝。我把它摘掉，把花枝剪短，換水時加入一小撮細鹽，以後那三朵就凋謝得比較慢。倒數第二朵凋萎後，四個蓓蕾中最下面的也綻放了，花枝也漸剪漸短。這時，反而比剛剛帶回來時美麗。在不知不覺中，花謝花開，細數日子，竟然一個月過去了。

剩下末梢最後一朵時，我把它摘下，插在一個比鴿蛋還小的小花瓶裡，這玲瓏可愛的小小「花藝」居然又存活了三四天。

這枝遠從熱帶的佛國越洋飛來的蝴蝶蘭，供養在北台灣我家的案頭上，讓我賞心悅目了三十多天，八朵花兒像接力賽般輪流綻放供我欣賞，最後才鞠躬盡瘁，復歸塵土，我對它們眞的有著一分感謝之情。

么兒的一番心意，我的細心呵護，使得這枝離開母枝的蝴蝶蘭能夠在異地綻放存活這麼久，不但與我有緣，我更有著天人合一的喜悅。

框框裡的歲月

花了幾個月的工夫，我斷斷續續地在做著把家裡的碎布拼綴成一塊床罩的「偉大」工程；如今，苦盡甘來，工程終於完成，呈現在我面前的是一床色彩妍麗調和的不規則圖案拼布床罩。我把它鄭重地鋪在床上，一天看它個千百回，看得心滿意足，自我陶醉。固然手工相當粗劣，但那是我自己設計，利用一台老掉牙的手搖縫紉機一針一線地完成的，我怎能不敝帚自珍？我簡直愛煞了它。

想做貼布畫或拼布工藝已想了很多年，就是一直下不了決心，怕麻煩。我有兩大袋做衣服剩下的碎布，一袋是厚的毛呢類，一袋是薄的絲綢緞子和棉布類，其中有的歷史已在三十年以上，是棄之可惜的雞肋骨，只因爲我是個惜物而又喜歡廢物利用的人，所以一直保留到現在。我曾經用絨布做過玩具熊和貓咪，也做過布娃娃；可是碎布太多了，依然塞滿了兩個袋子。

終於我發了個狠決心動手做拼布床罩。我先挑出素色的綢質絲質碎布，把它們分成不同的色系，有的是和諧色，有的是對比色；然後我把它們排列組合，顏色配起來看順眼的，就剪成方塊、條狀或三角形，再拼起來縫成一幅。我準備把很多不同顏色不同圖案的拼布再合起來拼成一幅大的床罩。說得容易，做起來工程可是艱巨無比。我把碎布選出來後，先要把它熨平，然後再剪成需要的形狀。我很懶惰，既不用尺，也不用畫粉，只憑目測去剪，往往因此而剪得歪歪斜斜，這就影響到車縫得不夠平直。還好這不是衣服，我的目的只在欣賞拼布的花色圖案，手工差些也無所謂。就這樣，我有空時就去做出一塊像靠墊大小的拼布，日積月累，居然集腋成裘，一張單人床的床罩於焉告成。

從這張拼布床罩所用的碎布看來，就幾乎等於是我個人的近代史。我清楚記得：那塊珊瑚色帶著淺灰色圖案的薄綢，是我三十年前到香港探視父母所穿的旗袍料，有照片爲證。那塊米色上面有著杏黃圖案的軟緞，是五嬸送給我的。另外一塊粉綠底有白花的麻紗，是M太太送的禮物。往事歷歷，猶在眼前；而我的雙親、五嬸和M太太都已作古多年，空留下美麗的追憶。

其他的料子有些是自己買的，有些是別人送的；有些是做旗袍，有些做了洋裝；儘管衣服已因過時而送走或作廢，剩下的碎布仍然嶄新如昔，也彷彿看到了自己盛年的影子。碎布中也有不少是買回來的成衣被我長袖改短袖，大翻領改成小翻領剪下來的。從把衣料送到裁縫店做旗袍，送到洋裝店做洋裝，以至成衣隨處可以買到，這三四十年來社會型態的改變，似乎也可以從這床碎布床罩上看得出來。

這床拼布床罩是從十多幅正方形的拼布拼成的。這些拼布全都是以一個方塊爲中心，四周再拼上顏色相配的長條布，有的圍上一圈，有的三四圈，視乎中間那塊碎布的小大而定。完成以後，我的床罩看起來就是無數的框框組成，大框框裡有小框框，小框框裡又有更小的框框。這些碎布代表了過去的歲月；那麼，這許多的框框豈不是我在下意識中表現出來，代表了我的人生？

我的確是一個生活在各種框框裡的人。家教、學校教育、禮教、社會規範、儒家思想……，加上嚴謹的自律，從小我就畫地爲牢，自囚在各種框框裡，規行矩步，一絲不苟。我的起居生活都有定時，做事一板一眼；一個蘿蔔一個坑，數十年來，從未放鬆自己一下，更不要說放縱了。所以，我曾經自嘲是「四方木」、「標準鐘」。有人調侃我「何自苦乃爾？」；不過，我習慣了，也樂在其中，不以爲苦；要是有一天不依常軌運行，反而會渾身不自在。

哈！眞想不到，我的框框人生觀居然在潛意識中反映到我所做的手工藝上，一床拼碎布床罩的圖案竟是一個個框框組合而成。如果這些花色和質料都互異的碎布代表了我過去三十年的歲月，而這些框框又象徵了我的人生；那麼，這一幅手工藝品，我想應該可以把它加上一個「框框裡的歲月」這樣的標題吧？

得失之間

近來，我常常這樣想：要是換了別人，能夠忍受我這兩個月來幾近徒刑的杜門不出嗎？對我而言，幾年前我大概也受不了；不過，到了心如止水的今日，我卻是甘之如飴，一點都不以爲苦。從前的我，沒有常性，喜新厭舊，靜極必定思動。換工作，換房子，視同家常便飯；出國旅行，往往樂不思蜀。我並非嚮往逐水草而居的遊牧民族或以篷車爲家的吉普賽式流浪生涯，只是不想人生一成不變罷了。

這一次的「被囚」或「自囚」幾乎兩個月，是由於一次小得不能再小的車禍引起的。那個路上人車壅塞的黃昏，我拖著奔跑了一天、疲累不堪的雙腳回家，一個不留神，就被一部斜刺裡衝出來的腳踏車撞倒在地上，再站起來時大腿奇痛，已無法舉步，我眞是個不堪一擊的老弱殘兵！那一撞並不算猛，竟也害我大腿扭筋，骨盆輕微破裂，大痛特痛了足足一個月，得靠一架四腳的助走器才能在家裡行走。稍爲好一點時用拐杖；再好一點時則連拐杖也不用，一腳高一腳低的跛行，這樣又是幾乎一個月。受傷後椎心澈骨的疼痛太可怕了，痛定思痛，這使得我到如今還不敢獨自出門，我們交通秩序太沒有章法，萬一我再被撞一次，假使那次撞我的不是脚踏車而是機車或汽車，眞是不敢想下去。

在這幾乎遺世獨立的兩個月中，不但肉體上飽受痛楚，心理上也難免自怨自艾，就像那些得了絕症的病人那樣，心中老是嘀咕著：爲什麼是我？爲什麼我要受這些折磨？雖則如此，我卻不是個容易打倒的人。我暫時不能走路，一雙手豈不照樣可以工作？七年前，我曾經因爲不小心在街上滑倒而引起右臂骨折。住院開刀後，在家裡休養了一個月。那時正值歲暮，海內外的耶誕卡一張接一張的寄到；我這個不服輸的人就用左手寫字，把所有的來卡統統回了禮。

這一次意外發生不久，又是耶誕季節，正因爲不能出門，我得以有更多的時間去寫卡片。我在每張卡片上都寫上一些問候的話，而且提早寄出，這豈不是比接到別人的卡片才「回禮」更週到更禮貌？

當然，不出門會失去了跟外間接觸的機會（假如用電話跟別人溝通也算接觸的話，那就不能說「失去」），也錯過了不少可以促進人際關係的活動；不過，我也有「得」的一面。最令我自豪的是在這兩個月之內，我斷斷續續地把一本厚達五百多頁的英文小說看完了，看完最後一句，竟然意猶未盡，嫌它太短。這本英國現代女作家的長篇小說情節的緊張曲折，文筆的刻劃入微；使我在看完後對其他書本都感到索然無味；雖然它不是什麼文學名著，但也自有其成功之處。

一天看兩分報紙，加上固定寄來的各種期刊以及這本小說，就夠我的雙眼忙碌。既然雙手雙臂健全，一枝筆也沒有離過手。我寫家信，寫稿，練毛筆字；偶然，也描繪一兩幅靜物的水彩畫。我把人腦當作電腦，閱讀是輸入資料；寫與畫，則算是程式的輸出吧？

我也知道：整天坐著對健康有害，所以我必須多活動四肢。既然不能走路，就做一些站著的運動也好。受傷早期，牽一髮而動全身，會引起疼痛，確是什麼也不能做。稍稍好一點以後，我做最簡單的甩手運動；再好一點，我就做「洗髓功」，藉著那兩百六十四下彎腰扭腰、動手而不必動腳的動作來活動筋骨。平時，我每餐飯後都要在室內來回走個兩百步以幫助消化；在需要策杖而行的那段時期，我也一拐一拐地照做。並非想活到九十九，只因為個人的運動量太少，而我是一向堅持動靜要平衡之故。

對一個已經退休的人而言，兩個月杜門不出，似乎沒有什麼重大影響，我還為自己不必忍受車塵和廢氣的污染而慶幸，認為這也是一得。

三十年前我曾經寫過一篇題目為「閉關十日記」的短文，記述自己如何在炎夏中居然保持過十天不出大門的紀錄，因為那種機會得來不易，因而有著一種「撿到」的喜悅。然而，十天與六十天相比，又算得了什麼呢？眞是小巫見大巫。在繁忙紛擾的社會裡，偶然得到這六十天的清閑，雖然肉體飽受痛苦，卻也未嘗不可以因禍得福來形容。也許凡事有失必有得吧？兩個月來大隱隱於市，可是得來不易，而那付出的重大代價，也是痛深創鉅的。

移情

一向以較爲理智見知於朋儕，也自以爲到了這把年紀應該能夠凡事不會動心，達到太上忘情的境界。誰知，才放下不過個把月，一顆心就似被掏空，忽忽如有所失；雖不至茶飯無心，但也朝思暮想，直像是得了相思病，不禁暗罵自己不爭氣，簡直是提得起放不下，不堪一擊。本來嘛！相依相隨了四十年之久，我還常說「一日不可無此君」的，那能說丟就丟？何況，主動在我，是我自己見異思遷的，因而我的內疚也就更深。

也許是互爲因果吧？近月來我忽然熱中於繪事，我沉迷在繽紛絢爛的水彩世界中，自得其樂。既無師也不自通，成績自然拙劣；「只可自怡悅，不堪持贈君」，癩痢兒子是自己的好，我既然樂在其中，沾沾自喜，不就得了麼？

正因爲親近了畫筆，我竟然把那枝在稿紙上耕耘了四十年的筆放棄了。起初我感到很輕鬆自如，也毫不羞愧地自以爲有了兩把刷子。然而，隨著時光的流逝，我的一疊畫稿越疊越高，而丟在抽屜中的原稿紙卻始終空白，這才惕然而驚：怎麼啦？我寫不出來了嗎？

眞的，我寫不出來了。有了新歡，就忘了舊愛。現在的我，眼中所看到的盡是物體的光影，想的盡是哪些東西可以入畫。今天畫蘋果和橘子；明天畫玻璃杯和茶壺；後天畫盆花。我的腦子充塞著畫材和如何畫出一幅好作品的憧憬，又那有餘地去醞釀寫作的靈感？沒有靈感，當然寫不出文章；既然寫不出來，就開始自暴自棄，乾脆投筆從畫。越不寫就越寫不出，也更加對繪畫投入，所以我說這完全互爲因果。

從前，我也曾對寫作十分狂熱過，狂熱到簡直就是「衣帶漸寬終不悔，爲伊消得人憔悴」這種痴愚，一星星靈感火花，就可以觸發我的寫作動機；偶爾的一些感受，也想形之於筆墨，一吐爲快。每天下班時看到西天的落日，春天來臨時的一樹繁花，都是我寫抒情小品的藍本；街頭上的芸芸衆生相以及公車上聽來的一些對話，都可以衍生成爲一篇小說的素材。我的寫作靈感有如源頭活水，永不乾涸。當我用我的一枝筆營造出一篇又一篇作品時，心中的愉快與滿足眞是不可言喻。

其實，繪畫和寫作是相通的，大可以並行無礙，只因自己才拙，以至無法兼顧吧！作畫和寫文章都需要靈感，也需要觀察力，不同的是它們表達的方式。畫家開一次畫展，等於作家出一本書，都是他們創作成績的展示。我雖不才，可也已經筆耕了四十年，也出過三十多本單行本；然而，在繪畫方面，等於剛才起步，只不過是個幼稚生，作品還見不得人哪！我怎會爲了它而放棄了那枝相隨大半生的筆？難道我對它的喜愛並非天長地久？

這就是爲什麼失落感近來老是如影隨形，揮之不去；我想移情，可是又舊情綿綿，難分難解，原來我一直念念不忘那枝筆。

當我鋪陳一些器皿或果蔬，打著燈光，想描繪出一幅靜物畫時，自知只是一個起步者，我只求畫得像而已；這不正如早期學習寫作時只求能夠寫出一篇文從字順的散文一樣嗎？到目前爲止，我還不曾嘗試過去寫生風景，因爲自知功力不夠；當年，自己還不是不懂得如何去經營一篇小說？

繪畫和寫作絕對是並行不悖的兩門藝術，魚與熊掌大可得兼；我也不必移情，有了新歡，仍可擁有舊愛。但是，我也許得勤快些，何妨左右開弓，左手握畫筆，右手執原子筆？我不敢自誇有兩把刷子，只是在夕陽歲月裡，多找些事情做總是好的，我自知沒有美國那位祖母畫家摩西婆婆的才情，永遠成不了大器；那又有何妨？自己高興就好。

科技低能兒

我實在不願意承認自己是個笨手笨腳的人。我在十幾歲的時候就會繡花、織毛衣、縫衣服；在學校裡，我書法和美術的成績都是頂呱呱的；我無師自通學會了英文打字，而且打得相當快；我縫製的布娃娃和小貓、小狗之類的塡充玩具動物，人人看了都讚美。假使我眞的笨手笨腳，又怎做得到？

但是，有的時候，我又眞是笨得無可救藥。除了自己家裡的鑰匙外，別人的鑰匙我都不會用，想做小偷都沒有資格。我不會換電燈泡或保險絲；我煎魚一定煎得支離破碎；釘釘子一定釘歪。

小孫女有一臺小電腦，兒子說可以用來畫圖，好玩得很。他教我怎麼移動「滑鼠」，教我認識符號，讓我動手試畫。可是，我就是笨得不會控制那可惡的「滑鼠」，始終無法成功。而四歲不到的小孫女早就學會了，兒子一定在心中竊笑老媽的笨手笨腳。

我到銀行辦了自動提款卡，行員叫我先試用一下。我自信滿滿，沒有接受他的好意。等到有一次需要用錢，而不得不試用時，馬上手忙腳亂，錯誤百出，就是不成功，還是站在我後面等著提款的一位太太幫忙，才順利提到了錢。

最近，家裡的那臺錄放影機有點不靈光了，決意換一臺新的。電器行的人來裝好以後，很耐心地教我如何操作。當時，看他一面示範一面講解，我認爲我已經懂得，而且又有說明書可參考，那還會有什麼問題？

誰知道交到我手上就不是那麼一回事。這個機器太複雜了，跟舊的那部簡單明瞭的作風完全不同。我最受不了的是它在按了一個數字之後，必須另按一個「移位」鍵，然後再按下一個數字的加或減，而且動作必須要快，一慢它又跳過去了。這樣一來，使我每次在預約錄影時都緊張萬分，如臨大敵，即使沒有使血壓升高，起碼也大汗淋漓。

儘管如此，它還是時常出狀況，我費了九牛二虎之力錄下的深夜長片或影集，不是根本沒錄到，就是變成了另外一個臺的節目。

好不容易摸熟了，錄影也成功了，正是高興之際，一次停電，把這臺錄放影機原來已設定好的時間消滅掉，我竟然不會把它恢復，因爲我設定的日期跟星期就是不能配合。

我知道那是年分不對的關係。可是，「年」爲什麼就是不出現呢？我把從〇到九九的數字鍵按了又按，就是沒有看到Y字（月分的旁邊會出現一個M字，日期的旁邊會有D字），我以爲是什麼地方出毛病了，查看說明書，不但不得要領，而且越看越胡塗。不得已，厚著面皮打電話給經銷商。對方告訴我在數字跳到九二的時候就是年分，趕緊移位再按就是月分，再下去是日期，這就對啦！一言驚醒夢中人，我這個ＩＱ零蛋的白痴、智障，起初還以為〇到九九是日期，日期何需這麼多的數字嘛？我的頭殼眞是壞去啦！

年分、月分、日期都弄對，星期自然就會配合，一切都OK以後，預約錄影當然沒有問題。這臺機器買回來兩個多月，我也摸索、實驗了兩個多月，到現在總算能夠操作自如。但是，誰知道以後又會不會出狀況？誰叫它設計得那麼複雜？家用電器難道不是越簡單越好？

記得不久以前在一本雜誌上看過一位老美寫的文章，他在引言中就這樣說：「假使你擁有一大堆精巧的小機器而不會使用，不用怪責你自己；科學家說問題是出於差勁的設計上。」他說：他的汽車已買回來兩年多，但是車上的收音機他始終不會使用，因為它有十二個按鈕和開關，使人眼花撩亂，望而生畏，也使人認為自己跟不上現代的科技而感到屈辱與自卑。

想到這篇文章，心中似乎好過一點，自己固然笨，居然還有人在這方面有志一同，足見吾道不孤。

生平有二怕：一怕算數，我算術之爛是連小學三年級的學生都不如的。二是怕碰機器、機械之類的東西，不幸卻又活在這個科技掛帥的時代。看樣子，這輩子只有繼續笨手笨腳下去了，誰叫自己低能？

樂事三椿

幸福感

有一個清晨，我在酣睡了七個小時之後，一睜開眼睛就看見白紗窗簾外玫瑰金色的陽光，知道今天將是一個晴朗的日子，心情便先自十分怡悅。然後，隨手把枕畔的收音機打開，一陣美妙的歌聲立刻流瀉出來，竟然是我所極端喜愛而又很久沒有聽到的「彌賽亞」，不禁喜出望外。

我舒適地躺在床上，把眼睛重新閉上，想像自己此刻正坐在音樂會中欣賞一場名家的演唱。聽！那恍如乳鶯初啼的女高音、圓潤無瑕的女中音、高亢亮麗有如金石之聲的男高音、渾厚而帶磁性的男中音、深沉有力的男低音，他們和諧地合作無間，天衣無縫般唱出了天使的樂音，也唱出了人聲美的最高境界。「此曲只應天上有，人間那得幾回聞」，我何幸就在睜開眼睛的第一個剎那就聽到了它。

一時間，幸福之感包圍著我，人生到此，復有何求？去他的功名利祿！去他的富貴榮華！我身心健康、家庭和樂、衣食不缺、無求於人，還有什麼不滿足的呢？

一整天，仙樂般的「彌賽亞」旋律一直縈繞在耳際，我快樂的心情就像一面灌滿了風的船帆，彷彿可以凌空飛去。

什麼是幸福？今天我找到了答案。

忘年

因爲想磨礪磨礪自己的英文能力而認識了幾名年輕的美國人，在交往中，我發現他（她）們的天眞與直率的程度，有時會反映我們中國人的過度含蓄。

儘管美國人非常注重個人隱私；但是，這些年輕人在第一次見面時就會把自己的出身、年齡和家庭背景交代得一清二楚，毫無保留。胸懷之坦蕩，令人驚訝。

我們這些老學生都是年齡一大把，不過，那些小老師們根本無視於彼此歲數之差異，也從不表示出對我們這些具有「活到老、學到老」精神的人有任何誇讚或鼓勵，因爲在他們的眼中，年齡不是什麼問題。他們不把我們當長輩，我們不把他們當師長。我們彼此以名字相稱，我們之間的關係只是朋友。

有的時候，到班上到得早，只有小老師一個人在，有機會和他（她）交談，會得到很多收穫。這些收穫不是英文字彙，不是文法，也不是任何語文方面的知識，而是一種人與人之間自由自在的溝通。這時，我們沒有種族、年齡、性別、身分的差異，可以海闊天空地暢所欲言，快樂無比。

我們這時候根本忘記了自己的年齡，小老師們的不把我們當長輩看待，該是我快樂的原因。

沒大沒小，我喜歡。

學 畫

也許是厭倦了握在手中三十多年的原子筆吧？近來，我想改用另一種筆來表達我對藝術的熱愛，我試著用水彩筆來品嘗塗塗抹抹的滋味。

其實，從童年開始我就熱中於繪畫，只是迭經戰亂，長大後又囿於現實生活，難得享受到這分閑情逸致；然而想學畫之心卻始終未戢。如今，以閑雲野鶴之身優遊卒歲，於是又心動手癢起來。

我不敢去拜師，一則自傷年華老大，二則自慚沒有天賦，不敢和摩西祖母等人媲美。因此，我只能閉門造車，從一些水彩畫入門之類的書籍中摸索。我先畫素描，再臨摹水彩範本，有時也不甘寂寞，學習寫生。自知資質愚魯，生性呆板，所以先學畫靜物。我想，這些沒有生命的東西，可能比較容易把握。

事非經過不知難，平時偶然會不識好歹地胡亂批評別人的作品，等到要自己動手去畫時，那管筆就像有千斤的重量，根本無法控制，畫到紙上的形象跟心裡所想的簡直是天淵之別。這時，除了擲筆長嘆自己低能外；假使不想就此打退堂鼓，這只好厚著臉皮再接再厲，繼續去蹧蹋顏料和畫紙了。

儘管如此，學習繪畫還是給予我不少樂趣。畫壞了固然氣餒，不過我仍會抱著「下一次會畫得好一點」的希望。若是偶而畫出比較好的成績，那就不免沾沾自喜一番，深覺老天眞的不會辜負好心人。

到目前爲止，我還是處在初學的階段，水準可能還比不上一名國中生。但是，那又有何妨呢？學畫，我只是爲了自娛，即使畫虎不成反類犬，我也已樂在其中。

色彩遊戲

在各種煩人的家務中，我獨獨鍾情於曬晾衣服。猜猜爲什麼，因爲我喜歡玩色彩遊戲。

假如是用衣架來晾，我就要配顏色。紅衣服用紅衣架；黃衣服用黃衣架；綠衣服用綠衣架；黑白的則隨意配。要是找不到和衣服顏色相同的則用調和色，沒有調和色則用對比色；要是連對比色的衣架都找不到時就用白色的。反正我絕不會把一件大紅的衣物掛在紫色的衣架上。

晾在竹竿上的衣服我也有一種遊戲規則：同類、同顏色的晾在一起。在和風的吹拂下，這樣的一竹竿衣服看起來色彩調和而又秩序井然，也有賞心悅目之功。

爲了要玩這種色彩遊戲，家裡雖然有一部烘衣機卻閒置在後陽台作爲貯物之用。我喜歡看各種彩色的衣架垂掛著色彩調和的衣服在陽光下的繽紛璀璨，也喜歡看一竿竿色彩有層次的衣物迎風招展。

廚房工作是我一向最不喜愛的。如今的我，一切假手於微波爐，懶惰得連炒菜鍋也不用。廚房固然因爲沒有油煙的污染而清潔溜溜，但是也使得一些講究美食的朋友聲明絕不到我家作客。

從前，孩子們還小的時候，我可沒有這樣舒服，也不能這樣瀟灑。那個時代，不但沒有微波爐，甚至連瓦斯爐也沒有，每燒一頓飯，非要眼淚鼻涕一起流的生一次火。本來就抱著君子遠庖廚心態的我，更視燒飯爲畏途。然而身爲主中饋的主婦又不便逃避責任，在不得已的情況下，我又以玩色彩遊戲來調適自己的下廚心情。

我不會做菜，也不喜歡做菜。在色香味這三大烹飪原則中我卻把握到「色」，爲菜餚配色，是難不倒我的。我最「拿手」的一道湯是把番茄、小白菜、豆腐、紫菜加在一起煮成湯，再打上一個蛋花；於是，這道湯就兼具了紅、綠、白、紫、黃五個色彩，在視覺上可說悅目之至。味道嘛？如果有高湯當然最好；否則，加點味精，灑上麻油，也很不錯。當年，我就常常用這道湯來唬我那四個小蘿蔔頭，而他們也居然認爲媽媽做的菜很好吃。做這種湯不過徒具皮相而毫無技巧，我慚愧之餘，就自稱這種湯爲「拙婦湯」。後來，我又把自己在廚下的種種拙行寫了一篇短篇小說，題目就叫「拙婦」。回香港省親時，我把這篇小說拿給父親看，竟引得父親哈哈大笑。如今，父親已仙逝多年，而當年的笑聲仍依稀在耳，思之不禁憮然。

現在再說我在廚房中的色彩遊戲。「拙婦湯」是其中之一，把豌豆仁、玉米和紅蘿蔔再加蝦仁或肉粒一起炒，也是一道美麗的菜餚；三色蛋更是我之最愛。爲了配色，凡是色相鮮艷的蔬菜如番茄、紅蘿蔔、南瓜、青椒、茄子等等都是我菜籃中的常客；而我的餐桌上擺出來的也儘是些五彩繽紛的菜式。或許它們都是中看不中吃；不過，秀色可餐，也自可促進食慾。我是寧可享用一盤青翠欲滴的蔬菜，也不願去碰一盤用醬油煎得烏黑一團、支離破碎的魚的。

我的生活十分平淡，一點也不多姿多采；但是我在平淡的生活中採擷到身邊事物的五彩繽紛，以化腐朽爲神奇的心情去玩色彩遊戲，這些色彩便美化了我的生活，調劑了我的心靈。我想，這應該也可以說得上是一種生活的藝術與情趣吧？

一念之惡

外一章

一念之惡

近來我常常想起一本三十多年前的美國暢銷小說的書名"*How To Kill A Mocking Bird?*"《怎樣殺死一隻反舌鳥》（此間譯爲《梅崗城故事》），好萊塢也拍過電影，原因跟一隻鳥有關。

話說有一天我正在作宰予之晝寢，忽然被一種很尖銳的像是鋸東西的噪音吵醒。我每天都醒得很早，需要午睡來補充。不過我午睡的時間很短，一二十分鐘就夠。那次被吵醒時可能只睡了五分鐘，所以心中不免有點光火：誰這樣沒有公德心，挑這午睡時間來鋸東西呢？正想著：「鋸」聲又起。時人已清醒，又覺得那聲音不怎麼像鋸。尖銳、粗嘎、沙啞、刺耳，眞是有多難聽就有多難聽，是一種以前不曾聽過的怪異噪音，而這怪異噪音從此就不時從屋後傳過來，我根本沒有不聽的自由。

聽了幾天以後，我發現這種怪異噪音不是鋸東西，原來是一隻鳥的叫聲，而且肯定牠是被豢養在附近的人家裡，因為聲源固定在同一方向發出。這到底是什麼怪鳥（體積一定相當大，否則叫聲不會那麼響亮）？牠日夜發出那麼可怕而難聽的叫聲，難道做主人的不怕吵？就算做主人的不怕吵，牠可是驚擾四鄰、妨礙安寧呀！

被這隻怪鳥的怪叫聲吵得我火冒三丈之餘，竟然下意識地想起上述的書名，暗中有點想除之而後快。天曉得，我是連殺雞殺魚都不敢也不會，看見稍稍肥大的蟑螂都會驚叫的人，怎會生出這麼殘忍的惡念？想來眞是罪孽深重。

到現在為止，我不但未見那隻怪鳥的廬山眞面目，不識其尊容，不知其大名，也不知牠到底是那一位芳鄰的寵物。忽然動了「殺機」，無非是那本小說的書名所引起的吧？其實，鳥兒何罪？如果要怪責什麼人，牠那位漠視公衆權益的主人才應負全責。

數字人生

我是一個對數字毫無概念，甚至對簡單的加減乘除都應付不了的「數字盲」；可是，我居然能夠記住長達九位數的國民身份證編號，每次在外面填表，別人必須拿出身分證來抄錄，我都可以熟練地塡寫出來。關於這一點，我自己感到得意洋洋；朋友們卻竟然不相信，認為我在吹牛，實在是冤哉枉也，誰叫自己善忘、迷糊、魯莽的惡名昭彰、前科纍纍呢？

作爲一個現代人，可得整天和數字打交道，像我這種「數字盲」，就會吃不少暗虧。打從進入幼稚園，一個人就必須起碼記得自己幾歲、家裡幾個人、家裡的電話號碼以及住址的門牌。到了小學，好了，加減乘除、雞兔同籠，……就夠你的小腦袋忙的。中學，歷史上的年代、地理上的面積長度，還有物理、數學等等科目中的數字更叫人負荷不了。脫離學生時代，進入社會，你以爲不用死背那些煩人的數字了吧？殊不知，數不清的數字仍然如影隨形的擠進你小小的腦袋。你起碼必須熟記幾個重要的電話號碼、你的車牌號碼、保險箱號碼、駕照和行照號碼、常用的銀行戶頭號碼、郵政信箱號碼、對號鎖的號碼等。不小心忘記了，生活步伐也就會隨之大亂。此外，家人、好友、同事的年齡、生日、電話號碼這一類的數字也非記住不可，記不住的時候，有時是會得罪人的啊！

這就是數字人生，人生根本離不開數字。假使你跟我一樣是個「數字盲」，別緊張，還好有電腦可以代勞，所以也就啥米攏免驚了。

抽屜裡的乾坤

爲了要找一分舊證件，我把壁櫥最底下那個三英呎半寬、二英呎半深、半英呎高的巨型抽屜使盡吃奶的氣力把它拉開了。這個抽屜我專門用來貯放一些不常使用而必須保存的文件，因爲數量太多，相當沉重（恐怕有二三十公斤吧？），一年之中，難得開啓一次。現在，爲了要從那分證件中查一個日期，不得不用無縛雞之力的雙手去奮力把它拖開，也是無可奈何的事。

搬了一張矮凳子坐在那個拉開的大抽屜前，看著它塞得滿坑滿谷的內容，我實在有點心驚膽顫，在如此浩瀚的故紙堆中去找一張薄薄的證件，豈非大海撈針？這個巨無霸抽屜裡面的東西實在太多了，我早就想清除一部分，然而又始終下不了決心，也提不起勁，就這樣一年一年的拖延下去，讓它的內容物越積越多，以致形成今天爆滿的局面。

抽屜的最上面是一大疊對開大小的西畫，沉甸甸的，重量驚人。把這疊畫拿起來，下面是一包包用牛皮紙封套分門別類裝著的各種文件：舊證件、剪報、出國資料、兒子們的獎狀和成績單、所得稅申報單的存底、風景明信片、首日封、朋友們贈送的字畫等等。最沉重的是幾本早年的集郵簿，而爲數最多的卻是我歷年的日記本。

家珍數完了，卻原來，偌大一個抽屜裝的完全是雞肋骨。不是說要清理嗎？那麼，怎麼去處置這些雞肋骨，實在令我頭痛。

那一疊畫是很佔地方，然而卻是我的最愛，要留著慢慢欣賞的，當然不能割捨。集郵簿裡的郵票可以增值，也算是財產之一，也沒有理由丟棄。孩子們的文憑和成績單是家庭中文獻的一種；所有的舊證件都可以作爲逝去歲月的見證，也都值得去保存。想來想去，大概我那些流水賬式的日記最不具保留價值了。

我雖然也算是勤快的人，可是有時也很懶散。譬如寫日記，我總是盡量簡單，草草完事。其實我寫日記的習慣是從初中就養成的，我不記得那個時候是怎樣寫的，因爲在大陸時的日記本全部在歷次逃難中遺失了，現在只剩下一本民國三十四年的作紀念，可惜字跡已模糊不清。

別人寫日記有的記錄感想，有的抒寫情懷，而我這個懶人的日記卻完全是起居注，記的是做了些什麼事，去過什麼地方，無非是爲了日後查考之用。這樣的日記，裡面無名無姓，字跡又潦草，當廢紙處理，絕對沒有人撿來看，看了也無妨。這些早已事過境遷的行事錄，還留著它做什麼？一經決定之後，頓然感到輕鬆無比。然而，當我把抽屜中的那十幾本漏網之魚的日記本（我以前已經清理過一次）拿出來以後，大抽屜的重量卻沒有減輕，依然沉重無比。

在要丟掉那些舊日記之前，我隨手把一本二十多年前的翻閱了一下，想不到，一看就欲罷不能，我彷彿穿越時光隧道，回到從前。許多已經忘懷的往事，一一又兜上心頭。一時間，思潮洶湧、情緒激動，幾乎不能自巳。

我把那些紙張發黃的舊日記本一本本的翻看著，那些近年的跟現在的日子似乎沒有什麼大分別，而且記憶猶新，對我的衝擊力不大。一些較早期的陳年舊事，用現在的眼光來看，便不免有「覺今是而昨非」之感，恨不得時光倒流，我可以重頭來過。

我覺得人生的每一個階段都有它的好處，很難說那一個階段是所謂的黃金時期，而每一個人的生命也都和大環境息息相關。我固然也喜愛青春年少，可是一想到青少年時的戰亂頻仍，我又寧願做今日生活安定的銀髮族。

從早年的日記中，我發現自己今天的筆跡比較圓熟老練，也看得出那時的文筆比較幼稚青澀，不免爲自己尚有些許進步而慶幸。另外我還發現自己年輕時有點體弱多病（不是什麼大病，只是感冒、胃痛之類），竟比不上今天的頑健，也就更加沾沾自喜了。遺憾的是，昔日孩子們的歡笑聲盈滿家中；如今他們羽毛豐滿，早已紛紛離巢，剩下兩老寂寞相守，門前冷落，居鬧市有若深山。不過，絕大多數人的晚年歲月，莫不如此，也怪不了誰。

花了一整個下午去翻那個抽屜，要找的那張證件卻始終找不到，不知被我塞到那裡去了。白費了半天工夫，想丟掉的日記竟又割捨不下，眞是徒勞無功。怎麼丟呢？那是我個人的歷史紀錄、生命的軌跡；等到有一天我的牙齒都掉光時再看，不知將會作何感想？整理抽屜看似小事一樁，想不到竟然也在我的心湖中引起如此壯闊的波瀾。

黑手黨、黑手套

黑手黨、黑手套

小孩子都愛玩，一雙手東摸西摸的，總是弄得髒兮兮。家中的牆壁、電燈開關、門把等等往往被他們留下洗不掉的污點。從我的兒子們幼時乃至目前的孫輩，莫不如此，我都戲稱他們爲「黑手黨」。還好第一代「黑手黨」早已長大成人；第二代有些已入學，有些不在國內，近來家中乃得以免於黑禍。

曾幾何時，我這個最愛乾淨、動不動就洗手的人居然也變成了黑手黨。爲什麼？原來錯不在我，而在於那些人人都「一日不可無此君」的報紙上面。

當然，我又不是最近才開始看報；大概從識字以後就日日與報紙長相左右了。只不過，童年到青少年代我比較懵懂，根本沒有注意到報紙的油墨是否污染了雙手。而一般社會大眾也不懂油墨中所含的鉛是有毒的，大部分的小販都用舊報紙來包食物；當年，我也吃過不少用舊報紙包過的燒餅油條，等到我發現看完報紙會弄得雙手污黑這個事實時，社會大衆也警惕到鉛毒之爲害，不再用舊報紙來包食物。可是，泛濫成災的塑膠袋又使得環保工作踢到鐵板，而紙張更是不可濫用，地球上的雨林已日漸流失了，怎麼辦？

儘管熱心的環保人士天天在呼籲要節約用紙，然而我的報紙不能不看，而且一看就要看兩三份，每份又都是厚厚的一疊，翻來翻去的結果，十指盡黑，煞是惱人。除非立刻洗手，否則就不能做別的事。

我還有一個很壞的習慣：吃早餐時非同時閱報不可，否則食不甘味。每年春節停止送報的那三天，我就只好以雜誌或閒書代替報紙。自從發現翻報紙的手會被油墨弄污以後，我就固定用右手翻報紙，左手進食，以免把鉛毒吃進肚子裡。假使不是在餐桌上看報，我不敢把報紙放在自己淺色的衣裙或淺色的沙發上；要不然，碰到報紙油墨的地方又會染得烏黑。

後來不知怎的我靈機一動，想到了以戴手套看報來防止手指被污染的絕招。我找出一雙舊的人造絲黑手套，每次閱報前都先戴上，然後腿上也舖著一條深色的舊圍巾以保護衣裙，這全副裝備，自覺也是一種發明，不免得意洋洋。

有一天兒子回家來看我們，看見我這副煞有介事的模樣，不禁大笑不止，說：「媽媽，你以前說我們兄弟是黑手黨，後來又說你的孫子是黑手黨。現在，你自己也變成黑手黨一分子啦！」

「是報紙使我變成黑手黨的。你們這些學工業設計的人爲什麼不設計一些不會褪色的油墨呢？」我恨恨地說。

「SORRY！改善油墨不屬於工業設計範圍內，那應該是屬於應用化學吧？」兒子卻嘻皮笑臉地回答。

「我不管那屬於什麼範圍，我要的是一分不會污染雙手的報紙。」幾年前，我已經在一篇文章中談過這個問題，但是人微言輕，根本沒有引起任何回響。

「媽媽，你不是天天也在看書嗎？書本的鉛字，或者雜誌上的鉛字有沒有弄黑你的手？可見，印刷用的油墨不一定會褪色，只是價格問題而已。一份報紙的售價才十塊錢，而且大家都是看完就丟，你怎麼期望它使用高級油墨？」

想想兒子的話也不無道理。我既不希望報紙加價，而現在把舊報紙送人也沒有人要了，我還苛求什麼？看來，我只好繼續當黑手黨——戴著黑手套來看報了。

己所不欲乃施於人的抽油煙機

晾在後陽台的衣物常常會沾染上一些令人不愉快的油煙味；晚飯後坐在客廳收看夜間新聞時，屋後鄰居煎魚的腥臭油煙也常登堂入室，令人窒息。這，就是排油煙機的傑作。

在所有的家電中，排油煙機眞是一種最最自私的設計。它完全與先賢「己所不欲，勿施於人」的訓誨背道而馳；爲了不想炒菜的油煙污染自己的廚房和居室，就把它排到屋外去。假使屋外是自己的庭院或一片空地的話，則無所謂。問題是我們的大環境地狹人稠，幾乎家家戶戶都是廚房對廚房；於是，甲家的油煙排到乙家，乙家的油煙也朝著甲家排放，正是「已所不欲，乃施於人」。互相排放的結果，仍是到處油煙瀰漫，烏煙瘴氣，一塌糊塗，誰也無法倖免。

我爲了保持廚房清潔，已有十年以上不使用炒菜鍋而用微波爐烹飪。想不到，我想獨善其身也不可能。我不製造油煙，別人的油煙卻不放過我；這種無孔不入的油煙，不但侵入我的廚房，還會侵入到屋子的每一間房間去。這時，我就會緊閉廚房門，關上所有後面的窗子，如臨大敵。難道我們眞的沒有免於遭受油煙污染的自由？

玩物不喪志

小時候我有一盒小小的寶藏——一個裝巧克力的鐵盒子，裡面珍藏著一個一吋長的小口琴、一把鑲假鑽的玳瑁小梳子、一隻瑪瑙小象、幾顆彩色彈珠、一個小泥人，還有一疊香煙盒裡的圖片。我把這個盒子視同瑰寶，每天放學回家都要把裡面的寶藏拿出來把玩欣賞一番；不在家的時候，也絕對不讓弟弟妹妹們碰一下。

這種喜歡擁有個人收藏、敝帚自珍的習慣一直延續到長大成人。到了現在，我所蒐集的東西竟然不下九種之多。集郵是我最早養成的嗜好；蒐集作廢的鈔票和各國錢幣，是伴隨集郵而來的副產品。因爲愛好美術，看見美麗的圖片便不忍釋手，於是，畫片、風景明信片、印刷特別精美的耶誕卡或生日卡，也大批的成爲我的收藏品之一。兩大盒各式各樣的紀念章，都是從開會或參觀得來的。好幾盒大小不一、質材各異的鈕釦，則是由於個人惜物而累積下來的，現在有不少已成爲古董。

其實，前面所說的八種收藏品，絕大部分是隨著歲月而逐漸累積的，我很少刻意去蒐集。只有風景明信片一項，因爲近一、二十年常有機會出國旅行，而風景明信片又是最有意義的紀念品，每到一地，總會買幾張回家，積存多了，如今竟有氾濫的趨勢。

我悉心去蒐集，也最喜愛的一種收藏品是小玩藝。十幾年前，我跟朋友到日本旅遊，在京都一家陶藝店裡看到兩個只有手指頭大小的花瓶，色澤美麗，造型可愛，又是有名的「清水燒」。我喜孜孜的買了回來，這兩個小花瓶就成爲我所收藏的小玩藝的始祖。

以後，我開始有心的去蒐集小花瓶、小茶壺、小茶具、小盤、小碗、小樂器、小玩偶、小動物、小盒子、小鞋子，各種日常用具的小模型，乃至世界各地的小型手工藝品等等，有些是自己買的，有些是親朋好友贈送的。這些小玩藝的質材包括有金屬的、木頭的、玻璃的、陶瓷的、竹編的、布製的、塑膠的，出處跨越亞洲、歐洲、北美、南美，澳紐尚付闕如，非洲的只有一個摩洛哥製造的小銀盤。這些小玩藝日積月累的結果，說多不多，但也密密麻麻的擺滿了兩個分成六格的玻璃櫥。外加分散在室中各處的，也可以說得上琳瑯滿目。在工作疲累時，站在玻璃櫥前面，細細欣賞一番，往往有盡消塵慮的效果。

我這些小玩藝由於來源不一，幾乎每一樣的背後都有一個小故事。其中有一把只有一公分半長的紅柄小剪刀，看起來不起眼，卻是所有小玩藝中最小的一種。有一年，居住美國洛城的兒子帶我出去玩，開車到洛城南方的一個小鎮（名字忘記了）去，那裡有一個規模不大的「嗜好城」(HOBBY CITY)，裡面有博物館和商店，分門別類展示及出售各種玩藝兒和手工藝品。其中一家專售迷你玩藝兒和手工藝品。其中一家專售迷你玩藝的商店，眞教人大開眼界。店中陳列著無數具體而微的商品，所有日常接觸得到的東西，你想得到的，它都有，只不過是縮小了幾十倍吧！包羅之廣，製造之逼眞，令人咋舌。正因爲花樣太多了，無所適從，最後我只好挑選了這把小剪刀和另外一樣準備送人的東西，就入寶山而空手回。我只消費了幾塊美金，那位文質彬彬的店主卻禮貌周到的送客，這也給我印象甚深。有這樣一家專賣迷你模型的商店，可見世界上愛好小玩藝的人還不少，足證吾道不孤。

在我所有的小玩藝中，我最珍愛的是那些小花瓶，它們的形狀優美、小巧玲瓏，在在令人憐愛。小茶壺，絕大多數是手工製成的，看來特別細緻。一些舊式的迷你炊具和碗盤瓶罐，可以組成一個小人國的廚房。小桌燈、小地球儀、小棋盤、小墨水瓶、小打字機、小聖經，又成爲一個小書房的設備。小小的泰國象、北極熊、鯨魚、袋鼠、無尾熊、駱駝、斑馬、幾種飛禽以及牛、羊、豬、狗、貓等家畜，也可以組合成爲一個小型動物園，和美園已故劇作家田納西威廉斯筆下的《玻璃動物園》媲美。不過他劇本中那名老小姐是個迷失在幻想中的人；而我只不過是寄情於這些小東西上，怎能相提並論？

郵票、舊鈔票、硬幣，可以研究歷史，認識世界；畫片、風景明信片、耶誕卡，可以美化心靈，增加地理常識；紀念章和鈕釦，是個人生命的軌跡，大有收藏價值。而那些小玩藝，又都是美的化身，可以陶情悅性，增加我不少生活情趣。

玩物而不喪志，我慶幸自己有這種嗜好。

阿爾茲海默恐懼症

二帖

「阿爾茲海默恐懼症」

小時候，要是做了一件傻事，多數是罵自己一聲「笨蛋」、「呆瓜」、「蠢材」、「傻子」之類。隨著年齡漸長，也跟著時代的進步，學會一些比較新穎的罵人名詞，像「驢蛋」、「IQ零蛋」、「白痴」、「智障」等辭彙，更是經常對準了自己。中年以後，傻事、糊塗事越做越多，這時，社會上已開始流行「阿爾茲海默症」(ALZHEIMER'S DISEASE)（即「老人癡呆症」）這個名詞，於是，「老人癡呆」四個字，不但隨時往自己臉上貼，在年齡相埒的朋儕之間，也動不動就以這四個字來互相調侃。

真的，人到中年，往往就開始健忘與糊塗。有人喊小孩的名字，從老大到老么都喊遍了才喊對……；有人丟三忘四；有人說話重重複複，如放錄音帶；有人從房間到客廳想拿一分報紙，到了客廳卻忘記了要做什麼。這種種善忘，若對生活不構成影響，倒也無傷大雅，嚴重一些的可就麻煩了。先父在晚年時寄信給我，把收信人和發信人的地址都寫成一樣——他自己的住址，結果那封信原封寄回，他還罵郵務人員不負責。有好幾次，他出了門找不到回家的路，還得勞動警察先生從他身上的一個舊信封查出地址把他送回去。像父親這種情形，大概很多老年人都會有，不知道算不算是早期的「阿爾茲海默症」？

大概因爲自己生性迷糊，常做出白癡的事，太常罵自己老人癡呆吧？不久以前，我眞的發生了近乎老人癡呆的糗事。那天我去銀行要開保險箱，在刷卡時，不小心輸入了提款卡的號碼，兩次刷不成功，我仍然毫無警覺，到最後電腦已經不能再使用了，我才去求助於櫃台小姐，而且也省悟到自己把號碼記錯。櫃台小姐要我拿出身分證和圖章，我沒有帶；保險箱號碼？記不得。身分證號碼？還好我倒記得一清二楚。於是，她從電腦中查出我的保險箱號碼，又要我塡一張單子。她唸「撤銷……」、「撤」？我忽然間連這個字都寫不出來，只寫了一個「扌」，就猶豫了一秒鐘。櫃枱小姐認爲我大概是不識之無之輩，就輕蔑地說：「中間一個育字嘛！」我恍然大悟，終於把那個表格塡好，也終於順利地刷了卡。但是我卻覺得自己眞像個鄉愚。

經過了這一次的出醜，我對自己的信心大減。現在就已如此顢頇、昏聵，將來有朝一日，會不會眞的變成老人癡呆症的患者呢？聽說整天用腦的人比較不容易得到這個可怕的病，我應該不會吧？可是，曾經日理萬機的美國前總統雷根都不能倖免（他勇於向全國人民公開他的病，是何等偉大的情操），我們一介小民，又怎敢不多加警惕？又怎能避免那「阿爾茲海墨恐懼症」終日如影隨形？

眼裡容不下一粒砂子

不是有一句俗話說：「情人的眼裡容不下一粒砂子」嗎？那種砂子是無形的、抽象的，屬於心理上。有一天，假使眼中眞的進了一粒砂子，不是我危言聳聽，那粒砂子爲你帶來的痛苦與煩惱，可大可小哦！

我就是那個不幸被一顆砂子跑進右眼裡的人。起初我以爲藉著淚水的沖洗可以把它沖掉，結果它卻頑強地固守陣地，把我的眼球扎得非常刺痛。我拚命地眨眼睛，想把它迫走，無奈一點也不生效。我想：假使我的眼皮能像蚌殼那樣分泌出黏液，把砂子變成珍珠，那我就忍痛讓它存在好了。可是，不，它既成不了珍珠，我的右眼又越來越痛，紅腫、發炎、流眼淚，已經幾乎睜不開，不得已只好去求醫。

醫生檢查了我的病眼之後說就是這顆砂子闖的禍，它已磨破了我的結膜，所以我會感到難受。醫生爲我取出砂子，洗了眼，用紗布蒙上，又要我閉上眼睛，再用許多長長的膠布把那塊紗布固定，使我睜不開眼睛。這時，我的右臉從額頭到面頰全被膠布貼住，不但右眼看不見，而且右半臉的肌肉都不能自由活動。

這時，我變成了獨具隻眼的獨眼龍，閱讀固然困難，無論做什麼事也都不方便。這使我對所有失去視力的盲胞起了無上的敬意。我只不過暫時「封閉」了一扇靈魂之窗，就叫苦連天，人家生活在完全黑暗的世界中，靠著一根手杖，卻能勇敢地在車如流水的大馬路上到處行走，我這小小的不方便，有什麼好訴苦的？

過了兩天兩夜「失」去了一隻眼睛的生活，第三天醫生仁慈地把膠布撕去，讓我重見天日，那種如釋重負的感覺，眞是太奇妙了。儘管我的右眼患處仍有刺痛的現象，儘管醫生吩咐我每兩小時便要點一次眼藥水，一切都還沒恢復正常，而這正是那一小粒砂子惹的禍。不過，這也沒有什麼好氣的。不經一事，不長一智；現在我終於知道了眼睛容納一顆砂子會有什麼後果。

簡樸生活我喜歡

我不買衣服，因爲舊衣已經夠穿；我不吃「麻煩」的食物，所以垃圾極少；我奉行「簡單就是美」，愈過愈有滋味……

終於，我們這個社會上的一些有識之士，開始回歸簡樸生活了。

這也許是一種物極必反的現象，或者是返璞歸眞的心理吧？無論如何，都深獲我心，引起我的共鳴；因爲，多年來我自己就是簡樸生活的實行者。慚愧的是，實行得不夠徹底，加以六根未淨、塵緣未了，有許多事物無法割捨，所以距離眞正簡樸生活尙遠，勉強只能附驥尾吧！

所求不多 安貧自然樂道

來台早期，一家大小四口住在公家配給的四疊半房間裡；後來增加到大小六口，房間亦只不過六疊。

那時的生活眞是簡樸：家徒四壁，環堵蕭然，室無長物；門戶經常敞開，因爲沒有東西會引起偷兒興趣。

正因爲生活簡樸，所求不多，也就沒有怨天尤人，頗能安貧樂道。當然，簡樸生活並非只局限於物質貧乏的環境，在富裕的環境中，要是能摒除物欲，多多提升精神生活，仍然可以達到簡樸的境界。

先從食衣住行四大生活要素說起吧！爲了健康，我不吃紅肉；爲了怕油煙，我大部分時間都用微波爐烹飪。我有時吃全素，偶爾吃吃去皮的雞或魚。

我不買蝦蟹這類處理麻煩的食物，所以我家的垃圾量極少，兩天拿出去丟一次，也不過一小袋而已。

退休以後，我幾乎不再添置新衣；反正衣櫥和箱子裡已堆得滿滿，穿也穿不完。我從來不買那些時髦的服裝，穿的都是可以不變應萬變的旗袍及套裝，永遠不褪流行；更何況，有些二十年前的如今仍然合身，何苦再增加自己的負擔，去做衣服的奴隸呢？

不事浮華
無欲自無煩惱

不事浮華一向就是我的本性。我的居室從來不曾裝潢過；只有窗簾、桌巾、書籍、掛畫做爲裝飾；窗明几淨，布置簡潔。客人來訪，都會誇讚一聲「好雅」，自己也難免沾沾自喜：「簡單就是美嘛！」

住在對門的兒子，一家四口有三輛車；兒子開汽車上班，媳婦騎機車上班，孫兒騎腳踏車上學，只有孫女擠公車。大環境如此，我不怪他們「奢侈」。

我們二老卻是無車階級，我一直都是公車族，覺得只要不在交通尖峰時跟別人擠，公車可說是既方便又安全。至於計程車，有必要時也不得不跟它打交道。老實說：惡司機雖也碰到過，但大部分都是善良的。身爲無車階級，不必爲被開罰單發愁，不必爲找不到停車位煩惱，豈非無車一身輕？這也是生活簡樸的好處之一。

近年來，我不逛百貨公司和服飾行，因爲我不需要添置任何身外之物，尤其是衣著。我不上電影院，因爲可以在家裡以錄影帶代替。現在，大概已沒有什麼物質上的東西能夠使我動心，自覺已達無欲則剛的境界。

我又是一個環保的實行者。多年來，我在生活上一定奉行省水、省電的原則。我絕不浪費任何一張紙，影印紙的反面必利用，大型信封必保留以便再使用。我盡量廢物利用，家裡極少多餘的雜物，因爲我喜歡簡單。

樂在其中
不戀身外之物

生活簡樸，相對地身外物自然就少，因爲花在處理、保管、清掃這些方面的時間也減少，可供自己隨意分配享用的光陰就變多，何苦心爲形役，身爲物役呢？

幾千年前，一簞食、一瓢飲，居陋巷而不改其樂的顏回應是簡樸生活的始祖吧？「斯是陋室，唯吾德馨」的劉禹錫也深懂簡樸生活的箇中三昧。

眞的，一切身外物生不帶來死不帶去，有什麼好眷戀的？要是能做到一個處處爲家的行腳僧，芒鞋破缽，浪跡天涯，揮揮手不帶走一片雲彩，那多瀟脫！可惜這並非凡俗如我所能做得到的。退而求其次，生活能簡則簡，也就樂在其中了。

半殘札記

急驚風變成慢郎中

最近，我常常用「急驚風變成了慢郎中」這句話來自嘲，只因受了一次小小的傷害，我竟有將近一個月的時光不能走路，被迫關在家裡，幾乎每做任何一件事，都因爲怕痛而不得不用慢動作去完成。眞不知這是上天對我急性子的懲罰或是磨練？

我眞的是個不折不扣的急驚風。跟我一起走路的人如果步履遲緩，拖拖拉拉，我會感到不耐煩。接到任何使命，不論公私，我必定在限期之前完成，否則會寢食難安，也不能做另外一件工作。我有信必馬上覆，有電話必馬上回；受人之託，必先忠其事；有話在心，也急於表白。反正，我就是這樣一個不會耽擱事情也藏不住話的急性子。也許正因如此，一世人也就難得有什麼成就，閩南俗語不是說「緊紡無好紗」麼？

好了，現在折磨來了。爲了腿痛不能走路，起初我得撐著一架四條腿的助走器走路；後來比較不痛，就拄著一根拐杖一瘸一瘸的走。不論用助走器或拐杖，都走得極慢，幾乎別人走一走，我要走十步；遇到只有一個人在家而電話鈴響時，往往我千辛萬苦、一步一痛楚的趕去接時，對方已不耐而掛掉，我也因此而錯失了好幾次電話。

不能走路是這次受傷的最大損失，而附帶的髖關節痛又影響到我不能彎腰不能抬腳，也使得我在做許多事情時不得不像電影中的慢動作那樣去從事。譬如說脫襪子吧，我必須先坐在椅子上，慢慢地把襪子褪到腳踝，再踮起腳尖，（以避免抬腳引起腿部抽痛）輕輕脫去。別人脫一雙襪子可能只要一兩秒鐘，我大概需要一分鐘，所以我也自稱爲「半殘」。

諸如此類的瑣事眞是把我這個急驚風的稜角磨得貼貼服服，想不當慢郎中也不成；而每天的光陰也因爲我的慢動作而變得短少。日子雖然過得痛苦而無聊，卻也眨眼又是一天。固然「病來如山倒」，受傷早期的劇痛也曾把我自以爲很堅強的意志擊倒；而「病去似抽絲」，極慢極慢，幾乎看不到的漸漸痊癒也使人懷抱著些微希望。

大概眞的是「人無千日好，花無百日紅」吧？意外，又有誰躲得了？我應該高興的是，我這種小傷，比起別人斷肢缺腿的，已是幸運千萬倍，沒有理由去怨天尤人。也許，上天要殺殺我這急驚風的銳氣，做個慢郎中，無論在爲人處事方面，其實都是自保之道。短暫的半殘，正是一次教訓。

田園將蕪

自從受傷不能走路，變成半殘以後，我已有二十幾天沒有跨出陽台一步。我從小就有田園之思，一直在做著「採菊東籬下，悠然見南山」的美夢。可惜，有生以來，始終住在紅塵十丈的大都市，從來不曾擁有過一片泥土，我的田園美夢只能寄託在陽台的盆花上。而且，那些盆花也全都是平凡而卑微的植物，只是聊勝於無而已。

儘管如此，癩痢兒子是自家的好，我和老伴對這些養育了十多年的、貌不驚人的花花草草還是愛護有加。他專司澆水施肥；我則負責除枯葉、剪枯枝，每隔一段時日把花盆轉一個方向，以免因爲向光性的關係而變成一面倒，是它們的美容師。在我們的通力合作下，那些平凡無奇的九重葛、紫藤、木槿、瑞典長春藤、報歲蘭、吊蘭、黃金葛、銀線葉等等倒也長得欣欣向榮，按時開花。也曾不止一次的博得鄰居們的讚美，偶然也有路人投來讚羨的眼光。這時，我們心內那分得意之情，簡直就像自已的孩子在考試時得了第一名。

可是，現在我發現陽台上的盆花的景觀有些不同了。二十多天的睽違（雖然隔著落地玻璃窗可以望得見，但是在痛深創巨的心情下，我是視若無睹的），它們似乎是茁壯了些；然而那種茁壯卻又像好久沒有理髮的人，給人以毛茸茸、亂七八糟的印象，再加上一些久不剪除的枯枝敗葉，簡直是形容憔悴？這豈非全是我家那位只重實際（澆水施肥），不管外觀的男主人之過？

幸虧我現在可以策杖跛行了，小小陽台，難不到我。我拿起剪草的剪刀，一盆盆的爲那些平凡的花草修整容顏，摘去黃葉，剪去枯枝，轉瞬之間，它們就像剛剛走出美容院的紳士淑女，個個容光煥發，顧盼自豪。

往常出國，我最不放心的也是這些盆花，雖然委託家人照顧，回來後也總覺得它們變醜變憔悴。這一次我明明在家，只因疏於照料，竟也瀕於田園將蕪的險境；可見，有許多事還是最好不要假手他人，即使半殘也不例外。

也是鄉愁

闊別了將近四年的香港，再度重遊，在我的眼中，這個曾經是我的故鄉的小島，在把米字旗變爲紫荊花旗之後，似乎並沒有多少改變。也許是我接觸的角度不廣，所見不多；走在它那一幢幢摩天大樓的陰影下，仍然是滿街的粵語，到處是英文以及翻譯得詰屈聱牙的中文，跟數十年前沒有什麼兩樣。

想也想不到的是，我這個道地老廣，在閱讀當地報紙時，居然每天都有看不懂的新名詞，而不得不向「在地人」請教。我並非不認識那些港人製造出來的廣東字，問題是它們是新出爐的、日新月異的俚語；正如此間一些不懂閩南話的老芋仔們，對報上的「強強滾」、「粉」、「霧煞煞」、「龜毛」等土語或Y世代的新名詞感到一頭霧水一樣，不得不自傷老大，趕不上時代。當然，我也是半個「外江佬」。

比起台灣的報紙，香港報身「土」的程度簡直驚人，幾乎有一半的文字是用粵語表達，使得那些不懂粵語的「外江佬」讀來瞠目結舌。少年時代我在港島上學時，對這些以方言爲主的報紙覺得非常低俗，不登大雅，憤慨之餘，不屑一顧。但是，經過了這麼多年，少小離家的我竟然愛上了這種文字，每次拿起報紙，總要朗誦一番才過癮。從這些以鄉音報導的資訊中，我感受到親切、俏皮、幽默和風趣，因而樂得哈哈大笑。由憎恨而轉變成喜愛，大概也是鄉愁的一種吧？

粵語是我的母語。外子雖然是閩南人，但他的粵語遠勝於我的閩南語，所以我們一直以粵語交談，跟孩子們則用國語。去年他病逝後，我失去了說粵語的對象，頓有失落之感。親人都在海外，此地雖有一些同鄉朋友，但在公共場合大家都不說方言，我還是無用武之地。十多二十年前鐵幕還沒有開放時，輾轉聽說我那遠嫁四川的妹妹因多年沒機會說家鄉話，對粵語竟然「識聽唔識講」，我因此不免大起恐慌。幸而我還有一位老同學住在台北，每次通話，我們都痛痛快快地大談特談，盡情八卦一番。可是她的粵語又太土了（她的丈夫是上海人，但是她始終鄉音無改，一口廣東國語讓人聽不懂），跟我自以爲文雅卻不夠口語化的粵語有點格格不入。我說「上學」，她說「返館」，我說「食中飯」，她說「食晏」。有一次她說要去「睇脈」（睇，看也），我立刻問：「你去看中醫？」，她說「看西醫。」「睇脈」是中醫的醫療行爲，所以我認爲她一定是去看中醫，誰知她把看西醫也叫「睇脈」，這一定是上代傳下來的古老名詞；正如現在還有人把理髮稱作「剃頭」，衛生身稱作「草紙」一樣，是屬於不容易改變的保守派人士。

儘管兩岸分隔已逾半個世紀，當日少小離家的遊子已在江湖上老去，世界又變成了地球村，不知何處是家鄉也成爲很多人的困惑；但是啊！我仍戀慕著、渴望著與童年有關的一切，猶如嬰兒眷戀著母親的懷抱；喜聆鄉音，當是鄉愁之一種，也是人之常情。

浮生小記

一、

每晚入睡之前，我都會在心中默禱上蒼：請賜給我一個平安夜，請賜給我一夜酣眠；同時，請保佑全世界的人都得到平安。

早上醒來，我也必定感謝上天讓我毫髮無損的仍然活在人間。盥洗時我慶幸能夠有充沛的自來水可用；使用各種方便的家電時，當然不會忘記感謝愛迪生等人偉大的發明。在早餐桌上閱報時，我感謝辛勞的送報生；收到郵件時，感謝櫛風沐雨的郵差；垃圾車來收垃圾時，感謝功高勞苦的清潔隊員。搭乘公車或計程車，我會感謝駕駛員的服務；偶然水電的故障，我對那些前來修復的人員更是感激莫名。

小時候，老師教我們要感謝「汗滴禾下土」的農人。現代的孩子，尤其是住在都市的，恐怕連禾稻長甚麼樣子都不知道；從媽媽手中遞過來的白米飯，還得求他們，才勉強吃個幾口。漢堡、炸雞才是他們的主食，他們要是有感謝之心，大概是感謝麥當勞叔叔吧？

不要說小孩子了，在物質氾濫、人人抱著「有錢就是大爺」觀念的社會裡，每個人都認爲所有的享受都是理所當然，又有誰會想到感謝別人呢？

我，也許太過痴愚，太過執著，甚至有點自作多情吧？

二、

胸中有似在擂鼓，擂得你心慌意亂；頭有千斤重，雙腳卻像踩在雲端；再加上無緣無故的河魚之疾；近來本已是衣帶漸寬的我，一下子又掉了兩三公斤，居然有點仙風道骨的模樣了。

一向自恃是健康寶寶，這一年多以來也逃不過病魔的侵襲，雖不嚴重，但已無復當年生龍活虎、健步如飛的意氣風發。是時候了，人無千日好，花無百日紅；即使是機器，到了某一個年限也會發生故障，需要維修或淘汰，何況人類血肉之軀，怎能不病？醫藥發達的今天，百歲雖可期；不過，要是拖著一副老病殘軀，沒有尊嚴的活著，倒不如早日息勞歸主，以免成爲家人的負擔，甚至增加社會的成本。所以，與其祝福別人長命百歲，不如祝福老而彌健。

三、

我常常覺得自己不長進，白活數十年，因爲我的許多愛好及性向，竟然跟少女時代沒有太大出入。

譬如說看電影吧！學生時代就是大影迷的我最愛看文藝片、音樂片、懸疑片；到現在還是如此，西部片、戰爭片、武打、鬧劇之類，絕對得不到我的青睞。又譬如看書，從小就迷小說，至今依然愛讀閑書。在文學方面我偏愛唐詩、宋詞；英詩亦十分喜愛。清麗的散文、雋永的小品，最深得我心，青少年時這樣，如今亦一樣。繪畫，我一直最鍾情印象派；音樂，最愛的永遠是浪漫派作品。又譬如對美的鑑賞，我一向只欣賞優雅的、自然的美；俗艷的、矯揉造作的，我都覺得不堪入目。我這種審美原則，相信終身不會改變。

擇「善」固執，食「古」不化，數十年來，初衷不改。這到底是猶有「童心」，保持純眞，心態不老，還是不長進，老天眞？我眞的不知道。

心眼中的幻影

「雞眼」是我小時候在家裡的綽號，因爲我在晚上闔家圍坐聊天時老是打瞌睡，一雙眼皮就像入夜的雞那樣拉搭著睜不開。的確，我在中年以前都相當愛睡，每次進電影院總是無法完整地看完一部影片。原因是瞌睡蟲不肯放過我，而昏暗的電影院又正是和周公打交道的好場所。初爲人母時，我嗜睡如昔，嬰兒的啼哭往往無法把我喚醒。最可笑的是有一夜竟把睡在我臂彎中的嬰兒掉到床下，而我仍然毫無知覺。還好床單把嬰兒絆住，沒有受傷，有驚無險。

如今到了ＬＫＫ之年，竟是依然故我。晚上，我喜歡看看第四台的外國電影，可恨每次到了快要結尾的緊要關頭，雙眼就開始不聽使喚，不知不覺就睡著。幾分鐘後驚醒過來，螢光幕上往往已經出現THE END兩個字。只好恨得牙癢癢地，心不甘情不願地上床去。躺在枕上，頭腦卻又清醒起來，翻來覆去，怎樣也睡不著，眼巴巴地聽著客廳那座骨董鐘從十二點敲到十二點半、一點……，任你數盡千萬隻羊，就是無法成眠。

還好我不會因爲失眠而苦惱而焦急，我知道安靜地躺著也等於休息，只要心平氣和，聽其自然，遲早總會進入睡鄉的。我忘記從什麼時候起，在入睡之前會有一種很奇妙的遭遇。我發覺我緊閉的雙眼可以「看」到一幅又一幅美景或圖畫。那無數在我眼球上流動、飄浮著的光影與色彩，有時像是波濤洶湧的汪洋；有時像是詭譎多變的雲海；有時像是蓊鬱茂密的叢林；有時像是濃蔭夾道的幽徑。這些幻象有時像是似曾相識的照片，有時像是光影迷離的抽象畫，偶然也會像花團錦簇的圖案畫。它們隨時變化，無法掌握；我「看」著這些美麗的畫面時，眞希望能把它們用畫筆捕捉下來；可是，只要我睜開眼，幻影馬上消失得無影無蹤，徒呼負負。白天裡，即使閉上雙眼假寐，我從未跟這種幻象邂逅過。也許，只有在夜深人靜時，心眼才會出現吧！

從像雞眼般入夜即閉，到無可奈何、夜不成眠的暗光鳥，這種一百八十度的轉變，是一個人生理過程中的正常現象，不足爲奇。記得青少年乃至壯年時期，偶有夢中得句之舉，但如今已不可復得。不過，每當夜不成眠時能從心眼中看到無數美景和佳畫、不也是寂寞人生中一種慰藉嗎？

群樹之死

距離我家不過咫尺，震耳欲聾的怪手、起重機、電鋸等交織而成的噪音喧囂了幾乎一整天，就在我無法再忍受，幾達崩潰的邊緣，掩耳欲逃時，那些轟然巨響卻戛然停止。一時間，耳根清靜得如在無人之境，竟有難以置信之感。

信步下樓，去作每天黃昏的例行散步，同時也想看看這一整天那些科學怪獸大肆破壞後的災情。本以爲，拓寬堤防，拆除堤防下方違建是稀鬆平常的事，等我走到拆除現場，眼前的景象卻把我嚇呆了。堤防下約五六百公尺長，寬度也有四五公尺的草坪是我們社區的小公園，現在卻恍如經過一場浩劫，遍地斷瓦殘垣，滿目瘡痍。石桌石椅、公用電話亭、舊衣回收箱、警衛的崗亭……統統被剷除；草坪側作爲籬笆之用的成列杜鵑花都被連根拔起。草坪上數十棵高達二、三層樓高的橡樹、榕樹，還有一些不知名的樹，有些被整株摧毀，有些被砍頭和截肢，剩下一小段樹椿，慘狀令人不忍卒睹。

這些樹齡都在二十年以上的大樹，也是我二十年的鄰居了。它們濃密的樹葉像一把把巨傘遮斷炎夏的驕陽，讓社區中的孩童得以肆意在草坪上打球、玩耍、追逐；老人和主婦圍坐在樹底下品茶聊天，多和樂美好的一幅圖畫。這裡是我們社區的小型公園、兒童遊樂場，也是睦鄰交誼的好所在；而今在那些科學怪獸的摧殘肆虐下，已消失得無影無蹤。

在這群被人類謀殺的樹木中，爲數最多的是橡樹，也是這群大樹中我最愛的一種。我喜歡它肥厚碩大、形狀有如一葉扁舟的樹葉，葉簇中長出一根根像紅蠟燭又像條狀松果的東西，使它看來有如一棵聖誕樹。我曾經查過百科全書，原來這些「東西」是橡實，是可以吃的。據說世界上的橡樹共有兩百多種，從書中的圖片看來，北美的橡樹跟此間的完全兩樣。於是，我又想到我國從前在華府的大使館雙橡園，那兩棵亭亭如華蓋的知名橡樹猶在夢魂中，它們如今可安好？我的植物常識非常貧乏，偏又愛花愛草愛樹。還好自己求知慾強，而且還不算懶，有時查查書也可補救知識的不足。否則，我怎會對橡樹有這些認知？

這群尊貴如老人，爲我們遮蔭，爲我們鞏固堤防的橡樹，以及其他的大樹，就這樣活生生被凌遲了。植物也是有生命的，雖然它們不會說話，不會反抗；但是當電鋸和利斧加諸在它們身上時，也會流出白色的「血液」，作爲萬物之靈的人，爲什麼這樣殘暴，這樣無動於衷？拓寬馬路，拆除違建，這些樹是無辜的，爲什麼要把它們處死，而不移植到別處？

我們的青山已經漸禿，綠水不再澄澈；島上污染處處，垃圾成山，大環境早已醜陋不堪。很少人注意到環保和生態保育，相反地，大家為所欲為，只要我喜歡，有什麼不可以：濫伐、亂墾、亂蓋、浪費紙張、濫用塑膠袋……，一遇豪雨、風災，就到處坍方、淹水，我們所住的這一角地球，早已千瘡百孔，病入膏肓了。唉！不說也罷，說得難聽一點，這裡已經不是人住的地方。

群樹被砍殺，人類也在慢性戕賊自己，我們到底還有沒有明天？

掃落葉

晨起到陽台上掃落葉，是一件愉快的事。「黎明即起，洒掃庭院」自覺是一個「今之古人」，也是一個勤快持家的今人。我家那不到二坪大小的陽台本來不會有什麼落葉。從前我在欄杆上擺滿了十來二十盆各式花卉植物，自己又沒有綠手指，日子久了那些盆花不但毫無美感，反而惹來蟲害，增加我照顧上的麻煩。後來索性花錢僱人連盆帶植物統統仍掉，樂得眼前乾淨，手上清閑。

然而一向熱熱鬧鬧的陽台忽然變得空空盪盪，又覺得很不習慣。終於又買回四盆既便宜又不須特別呵護的日日春，小鼻子、小眼睛地放在欄杆中段正對紗門的地方，那些日日盛開的淺粉或紅豔的小小花朶，襯在翠綠的葉片上，在朝暾下或含苞或怒放，亦自有動人心處。日日春沒有什麼落葉，我陽台上的落葉是樓上住戶的盆花被風吹颳下來的。遇到風大時，整個陽台都被各種樣子的殘花枯葉鋪滿，於是我這個勤快的今人就得做著和古人同樣的工作；所不同的，我掃的是西式樓房鋪著地磚的陽台。而古人掃的是庭院中的泥池或草地罷。我不但不討厭這分工作，甚至有點喜愛，藉著掃落葉而活動筋骨，也是一種運動；而這時陽台上空氣清新，涼風吹送，身心都有說不出的愉悅。

從掃落葉忽然想到「校書如掃落葉」這句話。自從多年前一頭栽進這個舞文弄墨的行業以後，校閱過的書刊、文字可說多不勝數：自己的作品、主編的刊物、別人的文章……，早已練就一目十行、明察秋毫的本領；但是自以爲經過高手校閱的文稿在印成鉛字之後，仍難免有漏網之魚。這就是掃落葉的效應，掃了又落，掃之不盡，徒呼負負。但願自己心如明鏡，永遠不至如此，而是清澈澄淨，不染半點塵埃。

我常慶幸自己身爲現代人能夠享受科技文明給與我生活上種種的方便與舒適。古人夢想的千里眼（電影、電視）和順風耳（電話）早已成眞。洲與洲之間，朝發夕至；一分文件，在分秒之間就可傳到世界任何一個角落。各種家用電器使得職業婦女無後顧之憂，必要時還有機器人可以代勞；甚至有機器狗可當寵物。然而，科技太發達的結果，道高一丈，魔高十丈，人類又開始受到新的折磨。環境污染、癌症、輻射、化學合成物、農藥……地球上幾乎沒有一片淨土，也沒有一種食物絕對安全。這一切，到底是得還是失？

想到古人在花間獨酌，樹下彈琴，曲水流觴，東籬採菊種種閑情逸致，那種恬淡，那種幽雅，在二十世紀末的今日，那些沉溺在股市、KTV、PUB、牌桌上或電視機前的人恐怕連做夢都想不到，就算想到，也不懂得欣賞。

由於科技文明的進步，使得人類忘記了心靈的享受，所付出的代價不能說不大。

固然，飲食男女是人之大慾；名韁利鎖也是一般人所甘於自囿。千古以來，人性不會變，海未枯、石未爛，變的是大環境以及社會風氣和人心中的法度吧！

掃落葉是古人每日的生活習慣之一，我很高興自己還能保有這麼一點點古意；儘管古人用的是竹製的耙子，而我用的是塑膠的掃把和畚箕。竹製的耙子可與草木同腐而無損於土壤，塑膠製品卻永遠貽害地球，這又是文明的另一代價。

新春走筆

插了梅花便過年

壬午年的春節假期倏忽又已過去。請恕我說一句掃興的話：我實在不喜歡過年。爲什麼？最重要的一點是，這個一年中最重要的節目，把我日常生活的步調都打亂了。

早上醒過來，收聽不到每天的英語教學節目，令我忽忽如有所失；吃早餐的時候，幾天都沒有報紙可看，更使我食不甘味。這兩樣都是我每日的精神食糧啊！郵差先生休假，我失去了打開信箱時的期盼；清潔隊員休息，有潔癖的我便得忍受家中積存數日的垃圾。種種不便，說也說不完。出去逛逛？一想到鬧區中的洶湧人潮，馬上就意興闌珊。平常就已深居簡出，何苦在這節骨眼上跟別人湊熱鬧？

其實，我不喜歡過年，並非由於ＬＫＫ之故。除了童年、少年有紅包可拿、新衣可穿這兩個階段外，婚後我就開始討厭這個所謂的「年關」。年前，做主婦的要張羅、儲備一家人長達一週的吃食，十分辛苦。何況那時既無電冰箱，又無超級市場、便利商店之類，一切都要DIY，我這個拙婦的辛勞可知。初一，丈夫總是忙著四出拜年（那時大多數人家尚無電話，也不流行電話拜年）；孩子們全都跑出去跟別的小朋友玩耍。我則不得不留守家中，接待前來賀年的親友。每個人都心不在焉地隨口說一些不著邊際的吉祥話，我覺得有點虛僞，也有點無聊。

如今的過年的確簡化了許多，像電話拜年就是其中一種。自從老伴在兩年多以前辭世後，我的獨居生活就更簡化。巷口有便利商店，超市也只不過幾分鐘路程，凡是生活所需，隨時買得到，根本毋需準備過年的食物。年前，我只買了一小盆花卉擺放在客廳作爲點綴，效法古人的「揷了梅花便過年」，自以爲很瀟灑。不幸，活在二十一世紀又處在滾滾紅塵中的俗人，卻因幾天看不到報紙而痛苦不堪（電視新聞無法取代報紙）；這種六根完全不能清淨的、自尋的煩惱，又豈是古代幽居在山村的詩人所想像得到的？

故鄉的童謠

除夕無故失眠，偶然想到童年往事，也連帶想起了故鄉廣州的一些童謠。一首最爲人知，也與除夕有關的是：

「月光光，照地堂。年卅晚，摘檳榔。檳榔香，買子薑。子薑辣，買菩達。菩達苦，買豬肚。豬肚肥，買牛皮。牛皮薄，買菱角。菱角尖，買馬鞭。馬鞭長，起屋樑。屋樑高，買張刀。刀切菜，買籮蓋。籮蓋圓，買隻船。船無底，浸死好多番鬼仔（指老外）。」

這首民謠，除了押韻不錯以外，毫無意義；而最後一句尤其帶有義和團思想，實在不應讓小孩學習，不知何以流傳那麼廣？不過整首顯淺易懂（「喑達」是什麼，我也不知道，）即使不識粵語的人也可以看得懂，是其優點。

我在初中一年級時，學校規定這一年的學生都要當童子軍；因此我穿了一整年很神氣的童子軍制服。記得第一次穿著這身制服到我外公家去玩時，外公就用一首童謠來調侃我：

「童子軍，食餛飩；打爛（破也）碗，賠五文。

童子軍，抓枝棍；抓唔穩，扑親（到也）人。」

這首童謠雖然也沒有什麼意義，純是開玩笑。不過謔而不虐，唸來瑯瑯上口，亦可博君一笑。另有一首專為逗弄嬰兒而作的童謠：「點蟲蟲，蟲蟲飛，飛到荔枝磯。」

短短三句，音韻鏗鏘。吟唱時將兩根食指一下一下相碰，代表蟲蟲；到最後一個字時，要把音拖得很長，然後兩根食指陡然分開，表示蟲蟲飛走。這時，嬰兒一定被逗得咭咭大笑。從我的幼弟幼妹、兒子到孫輩，經歷三代，屢試不爽。這是我最喜愛的故鄉童謠。

花開妹來

家中一盆多年不開花的野生蘭草忽地燦然綻放，而且一開就是八朵。我在滿懷喜悅地駐足欣賞之餘，直覺到我們一定會有什麼喜事，果然，就在這個時候，三妹來信告訴我，她和五妹要來台探望我們。

我是長女，下面有四個妹妹，兩個弟弟。在大陸失守後留在重慶的二妹已不幸於九年前病逝，其餘的五個弟妹都住在香港。四十多年來，我曾經去看過他們多次；但是，除了五妹已經來過台灣幾次外，他們幾個居然都抽不出時間或找不到機會前來，眞可以說是二十世紀的奇談，令人難以置信。

其實三妹說要來已說了好多年，而我也一直在憧憬著她們來了以後我要怎樣去做一個稱職的導遊。我每到一處引起我興趣地方；吃到一家風味特殊的餐館，我就會想到她們，希望等她們來了以後可以帶她們去分享我的感受。可是，多年來她們都沒能實踐諾言，一直都是只聞樓梯響，不見人下來，使我的憧憬永遠是憧憬，美夢始終無法實現，一腔熱忱，也難免慢慢冷卻。

還好，如今她們已決定成行，機票已經訂好，就等著去接機。台港之間短短一小時十五分的飛行，差不多等於我從家裡到機場的車程，到了那一天，她們班機起飛時，也就是我離家上路的時刻。這樣一想，彼此的距離就更接近。

這些年來，我們姊妹兄弟雖然分開兩地，但是由於我常常去看他們，每隔一兩年總會聚首一次，平常也寫信不絕，又不是久別重逢，其實我是不必太緊張的，可能是過度興奮引起的吧？加以三妹第一次來，而大家歲數都不小了，一種「子侄漸親知老至」的心情，使得我加倍珍惜這次的相聚。

自從有了她們來台的確切日期，我就開始種種準備工作：擬定菜單和日程表、清掃居室，準備寢具和必需的日用品……，儘管自己胞妹不是貴賓，但是我還是要盡掃榻以迎之禮。

三妹和五妹在我們七個姊妹兄弟中，都跟我另有淵源，這次能結伴同來，眞是有緣，也是巧合。三妹愛好文藝，自從我開始寫作以後，她就是我最忠實的讀者。我每次出書，一定第一個先寄給她，她看完後也必定在信上給我讚美一番。固然她的讚美是感情重於理智，不免使我慚愧，但是聽起來仍然是感覺十分美好。三妹寫得一手端正的蠅頭小楷，她的信札也往往文情並茂，這在親友間已出了名。我曾經勸她不妨利用這方面的才華從事寫作，她卻認爲自己的生活圈子太過狹小，缺乏寫作題材而婉拒，這也是無可奈何的事。

五妹在年齡上跟我相距太遠，小時候根本玩不到一塊兒，我結婚時，她還是個小學生。記得我新婚不久，住在香港時，五妹曾經來跟我們同住了一個時期。丈夫忙於事業，很少在家，全靠五妹陪伴我。我這個長不大的新娘子跟這個小女孩還挺合得來的，天天一起逛街看電影，可眞是開心得很。我跟她在外貌上比較接近，上次她來台時，我陪她去逛百貨公司，還有店員以爲她是我女兒，這又教我因爲疑心自己長得老相而有點傷感。

好了，盼望了多年，我們姊妹三人終於可以聚首一堂了。可惜的是，二妹已經作古，七妹又因故不能來，美中不足。不過，無論如何，我還是要好好把握這個難得的機會。我們要聯床夜話，盡情地追憶我們的童年往事；我要把我來台後這四十多年的照片簿通通搬出來給她們看；我要帶她們去看我以前上班的地方和孩子們唸過的學校；我要陪她們去逛遍台灣的名勝古蹟；我要帶她們去嘗……。嘗什麼好呢？香港的美食世界馳名，我眞的不知怎樣去滿足香港客的胃口。何況近年來我已很少外食，對目前的餐飲市場不甚了解，台灣美味，我只知道蚵仔煎、三杯雞之類；我們就吃蚵煎吧！好嗎？不過，無論去吃什麼也好，我都熱切地盼望著這一刻早日來臨。

相逢何必曾相識

結緣旅途中

下了遊覽車，在籠罩著晨霧的聖羅倫斯河畔的小餐廳裡，我獨自進用早餐。兩個同團的婦女從她們的座位走過來，用不太純熟的英語問我：「妳是一個人嗎？」我點點頭。

「那我們跟妳坐在一起好嗎？」我表示歡迎，她們立刻就把桌上的飲食搬了過來，坐下來自我介紹。原來她們是泰國人，是團中僅有的外籍人士，在我們這個華人旅行團中顯得很孤單；大概是對我這個獨行俠感到同「病」相鄰吧？就主動來跟我搭訕了。

這兩位女士皮膚白皙，面貌姣好，看來跟華人沒什麼兩樣；一位四十來歲，一位三十來歲。認識以後，兩人都對我非常友善，一見如故。

以後幾天的旅程，我們都是三人行：白天一起進餐，晚上住同一個房間，無話不談，情同姊妹。

她們知道我是個從事寫作的人，就問我以後會不會把她們寫進文章裡。我說一定會。

那年回台後，我除了寫了幾篇以那次美加之遊爲題材的散文外，還寫了一篇「萍水緣」，寫的就是這兩位泰國婦女和我之間的友誼。

分手前，我送了兩枚中華民國的國旗胸章給她們，交換了通訊地址，後來也通過信，寄過耶誕卡。慢慢地，不知怎的就消息中斷了。

雖然我現在連她們的名字都忘記，可是卻記得她們的模樣，同遊時所拍的照片也還在，就算她們把我這個萍水相逢的異國友人給忘了，但是多情的我仍然記得她們的音容笑貌。

結緣公車上

在旅遊途中結識朋友不算稀奇，若因爲經常同搭一輛公車而認識，就不太尋常了。還沒退休前，我在公車上交了一位朋友。肯定是她先向我搭訕的，以我拘謹的性格，不可能主動跟陌生人交談。總之，由於幾乎天天碰到，彼此又都是年齡相若的職業婦女，很快的就變成熟朋友。

我們交換了名片，知道了彼此的家庭狀況，我們談得非常投契，頗有相見恨晚之感。她的辦公廳距離我的不遠，好幾次想約她中午出來吃飯聊天，又怕太過冒昧，一直沒有實現。

就這樣一拖延，也不知是她還是我自己先退休，漸漸地我們不再每天搭公車，從此沒有再碰到，她給我的名片也因為時日太久，早已不知去向。

本來可以交到一位好朋友的，就此平白錯失一個機會。眞的是：「人生到處知何似，應似飛鴻踏雪泥。雪上偶然留爪跡，鴻飛那復計東西？」

結緣銀行裡

那天我去銀行辦事，正坐在椅子上等候時，她走過來在我這列空無一人的座位上緊貼我而坐，一面喃喃地說：「太慢了！他們的工作效率眞差！」我知道她是在跟我話，就回了一句：「是呀，眞慢！」事實上，我也等了相當久。

她剛才進來時，我已注意到她。是一位體型非常袖珍的老太太，可是打扮得相當時髦；褐色的短袖套裝，裙子短在膝蓋上，頭髮也染成褐色，戴著耳環，薄施脂粉。我想：老人家是應該打扮的，像她這樣不是也很好看嗎？想不到，這位被我欣賞的人居然走過來跟我說話了。

很自然地，我們開始攀談起來。顯然地她原來也注意到我，問了我一連串的問題，也給予我一些溢美之辭。當然我也回問她，並不忘向她表達我對她的欣賞。

於是，在短短的十分鐘之內，除了彼此的名字不知道外，兩個人的家庭、年齡、健康、職業等等都已了然於胸，愈談愈起勁，又是一次相見恨晚。若不是她表明了兩天後就要出國，我眞想和她交換姓名地址，交個朋友。

眞的，像這樣彼此看順眼而又談得來的朋友，並不容易找；如今好不容易無意中碰上了，馬上又得分開，只不過是偶然投影在我波心的天空的一片雲吧！人生總是充滿了無奈。

行員在喊我的名字，我壓抑著想跟她多聊聊的意願，只是禮貌地伸手和她相握，互道「再見」，就此結束了一段短短的友誼，但是我相信我會永遠記得這段「奇遇」。

●

生命中有著太多的變數，這世界上也有著無數的機緣，我們要是能夠隨時敞開胸襟，接納一切美好的人與事，將會發現到處都有友誼之手向你伸出來，正是「相逢何必曾相識」，在這個地球村裡，人人都可以變成朋友呀！

第三輯　往日情懷

船歌

忽然間想起，我的前半生竟然與船，大大小小的船，有著很密切的關係。輪船、拖船、木船……載著我的童年、少年、青年，從這片海域駛到另一片海域；從一條河的上游划到下游。我總是在那些搖搖晃晃的船上，延續著嬰年躺在搖籃中的感覺。

我最早的記憶便是一艘大客輪。那年我只有四歲，父親帶著母親、我和妹妹從廣州搭船前往天津任新職。一走進艙房，我就搶先爬上那張靠窗的雙層床的上鋪，雙手緊緊摟著一盒送行友人所贈的巧克力，東張西望地既興奮而又好奇。後來，船上侍應生送來早點——稠濃的白粥配雲南大頭菜以及其他小菜，我津津有味地吃著，到現在似乎還記得那白粥的甘香。

再一次記憶中的乘坐輪船，便不是這麼愉快的經驗了。抗戰發生後不久，父親帶著一家人從廣州逃往香港。船票是費盡九牛二虎之力才買到的，進閘時更是你推我擠地有如衝鋒陷陣。那時，我們已是九口之家，在碼頭上沒有被人擠散已眞是莫大的幸運了。幼妹還不會走路，由傭人揹在背後，就差一點被擠掉，幸而終於有驚無險。上船後，不知道爲什麼一直不開船。入夜，空襲警報長鳴，高射炮和炸彈聲四起。船停在碼頭邊，我們躺在床上，整夜聽著海關大鐘報時的鐘響，長夜漫漫，心膽俱裂。那次可怖的經驗，永生難忘。

幾年以後，珍珠港事變，香港淪陷，父親又帶著一家人從香港逃往澳門，再從澳門進入廣東的自由區，沿西江前往梧州，溯灕江北上桂林。在那個時代，當然是以船爲交通工具。於是，我們這一趟旅途，又是靠輪船、渡輪和木船完成。

從梧州到桂林這一段乘木船逆流而上的經驗，兩岸秀美出塵的景色在我少年的心坎中留下了不可磨滅的印象，促使我大膽地寫了一篇「撫河（灕江的另一名稱）舟行二十日」的散文，投寄給當年大名鼎鼎的「宇宙風」月刊，而且很僥倖地被錄用登出，給予我不少信心，也奠下了我以後走上寫作之途的基礎。

妙的是，三年之後，抗戰勝利，我又循著原路，從桂林乘坐木船南下梧州，再轉西江回去我的故鄉廣州。這次，同行的不是我的父母和弟妹們（我和他們曾一度失散），而是我的新婚夫婿仲，而他正是「宇宙風」的發行人，我就是因爲那次投稿跟他認識的。第一次乘坐灕江的木船時，我有著逃難的惶恐心情；第二次乘坐這種木船，卻是我們的蜜月之旅，灕江的山水自然更加空靈瑰麗。

我與船有緣可能跟時局有關吧？復員回到廣州不過三年多，共黨倡亂，赤禍橫流，炎黃子孫又面臨一場戰爭浩劫，我也再度嘗試一次逃難的滋味。不同的是，從前一切有父親扛著。如今，我已是兩個幼兒的母親，心情又怎會相同？我和丈夫帶著一個兩歲半、一個未滿週歲的孩子，搭上一艘客輪，東渡來台。穿過台灣海峽時竟遇到颱風，在狂風暴雨的肆虐下，我們的船在怒海中顛簸著、掙扎著，旅客們個個都暈船暈得沒辦法起來。我和丈夫和大兒都懨懨地躺在床上動也不能動，只有二兒大約因爲太小了，居然不受風浪影響。還不會說話的他因爲肚子餓而在床上爬來爬去找東西吃，看見一些還沒有清掃的餅乾屑就高興地抓起來往嘴裡送，看得我因爲心疼而掉下淚來，卻又愛莫能助。

在島上一待十五年，似乎不再與船結緣了，想不到，在那年的夏天，我因思親心切，毅然把四個孩子交給丈夫一人照顧，歸心似箭的到香港做女兒去。那個時代一般人來往台港仍以坐船爲主，於是，我又重溫一次航行在台灣海峽上的舊夢。去時風平浪靜，順利無比；回台時不幸又遇到颱風，浪大時整條船好像被拋到半空中，眞是把人嚇得魂飛魄散。還好終於有驚無險，平安歸來。

近二十年來，出出入入國門不知多少次，現在，可不再以船作爲交通工具了。遊船可坐過不少：威尼斯的舡都拉、萊茵河上的遊輪、尼加拉瀑布的「霧中少女」、長江三峽的遊輪、灕江的木船……。不過，旅遊時的過客心態是純享樂的，跟童年的坐船搬家乃至青少年時的坐船逃難，簡直不可同日可而語。

我還有一個跟船有關的回憶，但卻疑眞似幻，無法捉摸。我記得是在一條窄窄的小河上，父親和我泛著一葉扁舟，我坐在船頭，父親坐在後面划槳，緩緩順著河流前進。迎著我們的是一輪碩大無比的初升鵝黃色圓月，襯在暗藍的天幕上，似在盈盈向我們含笑。這一輪圓月，我至今依稀在目，可是，那個時候我有多大，那條河又在那一個城市，卻是一點概念也沒有。抑或只是我的幻想，父親早已不在人世，誰來跟我印證？

船，串連了我童年乃至青少年的歲月，到了噴射客機時代的今日，它似乎已經不會在我的生命中發生任何影響力。然而，棲遲了四十多年的寶島，何嘗又不是一艘巨輪？我們二千萬人有緣共同登上這艘諾亞方舟，就已經註定大家都是一個命運共同體；假使我們不想重演越南船民的悲劇，既然同在一條船上，爲什麼不能同舟共濟呢？

床的故事
——一生睡過幾張床

失眠是我的老毛病。從前是因爲緊張（如第二天有重要的事）、焦慮（有不能解決的問題）、興奮（當天晚上有應酬）或太遲入睡而失眠，現在則往往是完全找不出原因、莫名其妙的失眠，弄得眼睜睜在床上躺好幾個鐘頭都睡不著。這時，便忍不住生氣罵自己：「別不知福了，一個人獨享一間房間，有這麼舒適的床給你睡，還睡不著。想想看，你從前甚麼床沒睡過？」

對呀！活到了今天這把年紀，甚麼樣的床沒睡過？我這一輩子又睡過多少張床呢？想到這裡，不禁將陳年往事從頭追憶一番。這一來，腦筋更加清醒，就更難入夢了。

記憶中的第一張床，是一張有著四根圓柱的銅床，我和媽媽同睡，媽媽睡外側，我睡內側。那一年，我只有五六歲，我們全家住在天津。爸爸在一家保險公司當經理，住家就在公司的樓上。有一個晚上，我半夜無緣無故的醒過來，發現床前站著一個女人，手上抱著一個娃娃。那夜有月光，房間裡光線相當充足，我清楚地看見那個女人一手拿著一把童子軍用的小刀要遞給我。我糊裡糊塗地爬起身來，想越過身旁的媽媽，掀開蚊帳去接；但是我怎樣也爬不起來，後來也就迷迷糊糊的睡著了。第二天，我開始生病發高燒，我不知道跟這件事有沒有關係，也始終沒有告訴媽媽。不過，爲甚麼幾十年來我還記得一清二楚？那個忽然在暗夜裡冒出來的女人是不是異物？她手上抱著幼兒，又要給我小刀，是不是想我做那小孩的替死鬼呢？假使我接了過來，那又將會有甚麼後果？生平不信怪力亂神，那也是我唯一一次的奇遇，我從不來不曾對任何人提及。只不過因爲與床有關，順便說說罷。

再來另一張存在我記憶中的床，是一張白色的四週有柵欄的小床。它很可能是在我的幼年期就屬於我，可是我卻睡到小學三年級還不肯讓給妹妹睡。小床早已容納不下我的身高，兩隻腳也早已伸到床欄外，我還在睡，常惹得女傭訕笑不已。

我家姊姊兄弟共有七人，連同父母，加上一位寡居的伯母和堂姊，還有僕婦，人數高達十二。而我家經常住的都是西式樓房，空間不大，每間房間都是塞得滿滿的。我和兩個妹妹往往是三個人橫睡一張雙人床。在回想起來，這張睡了好幾年的雙人床，在我的成長史中，也佔了相當重要的地位。

抗戰末期的逃難，所睡過「床」，可眞是無奇不有。從桂林逃到柳州的途中，曾有有過步行兩天的紀錄。第一個晚上大夥兒在一所小學過夜，我把兩張課桌併起來做床，桌面根本不是平坦的，沒有枕頭，沒有蓋的東西，就那樣和衣而臥，直挺挺地躺著，一任蚊子在身邊嗡嗡而飛，居然一覺睡到天亮，第二天又復精神奕奕的步上征途。年輕時的適應能力之佳，連自己都難以置信。

從柳州到貴陽，我搭上了一列歷史上有名的牛步火車。因爲是從危城中開出，難民成千上萬，車少人多。於是搶不到座位的，有人坐在車頂；有人坐在貨卡的行李堆上；有人用木板擱在火車車箱下面的支架上，顫巍巍地平躺在上面，稍一不愼，即有粉身碎骨之虞，令人捏一把汗。在種種「火車奇觀」中，我是屬於坐在行李堆上的那一種。「座位」是一隻箱子和一個帆布袋，箱子用來坐，帆布袋用來靠，兩隻腳則撐在貨卡的邊緣上，還不算太難受。假使坐在行李堆上睡了十幾個晚上也算是「床」的話，那眞可算是世界上最奇特的床。

從貴陽上重慶的路上，我睡過豬肉攤，也睡過小客棧中有虱子的床。因爲只不過睡了一夜，詳細情形已不大記得，也無法描述。

在重慶，我曾考進一家出版社當校對。那位老闆非常小器，租了一間沒有水電設備的小房間做爲女職員「宿舍」，由我跟另一位少女同住。沒有水，我們每天得到街上買兩次水回來洗臉洗澡。沒有電，晚上還要點起蠟燭來加班校稿。睡的是硬綳綳的木板床不用說，老鼠之猖獗更是嚇人。由於天氣冷，棉被不夠暖，我就把唯一的一件棉袍鋪在棉被上，誰曉得第二天卻發現棉袍被老鼠啃了好幾個洞。這就是說，老鼠在我熟睡時爬到我身上來咬棉被囉？現在想起來我還是嚇得想大叫；可是那個時候卻不怕，棉袍破了照穿，每天晚上也照樣酣睡不誤，眞是可憐！當然，逃難期間別無選擇是原因之一，二則少年氣盛，也比較有大無畏的精神，那像如今的膽小如鼠呢？

除了老鼠猖獗外，重慶的臭蟲也是遠近馳名的。我因那家出版社待遇太低，後來又考進了一家公家機關，住的是新建的西式宿舍，睡的是木製雙層床。現在是沒有老鼠威脅了；可是，又飽受臭蟲的蹂躪。在出版社工作時是春天，不是臭蟲的活躍期，所以只受到老鼠的威脅，如今是夏天，可讓我嚐到臭蟲的厲害。重慶是盆地，夏天的濕熱比台北更甚，年輕如我，也往往在半夜裡熱得睡不著，加上床柱床板木頭縫中隨時鑽出來把人叮得又癢又腫起個大包包的臭蟲，那種難堪的況味，眞是不提也罷。

勝利復員的路上，我在小船上睡過。睡夢中，小船輕晃如搖籃，十分舒適。水上人家的生涯，想來不錯。

回到家鄉廣州，頂下一層洋樓作爲我們新婚後的第一個家，但卻買不起好家具，就買了兩塊床板、兩條板凳搭成一張最簡陋的床。不過，在床單的遮蓋下，倒也不怎麼難看，也不覺得寒傖。

來到台灣，我睡過行軍床、竹床和榻榻米。行軍床在逃難時常睡，除了轉身不方便，太過狹窄外，倒不算不舒服。睡竹床也有過經驗，住過桂林的大人概都知道。竹床其實不錯，夏天睡尤其涼爽。冬天則不行，即使鋪上厚厚的墊被，寒氣還會從背後沁進來，令人吃不消。榻榻米是一種省地方、省事、省錢的東西，若是勤於擦拭曝曬，的確是一種相當理想的「床」。初到台灣時我頗喜歡它；可是，我沒有日本主婦的勤快，漸漸就發覺榻榻米實在太不衛生。它不但容易藏污納垢，而且，要是你只有一間房間，必須兼作客廳時，客人的香港腳在上面踏過，而你晚上卻要在上面睡覺，豈不叫人噁心？

好了，行軍床、竹床、榻榻米的時代又已過去，現在，不但人人睡得起彈簧床，講究的還要睡進口的歐洲床、圓形的床、水床、復古的銅床、骨董木床……等。暴發戶式的奢侈心態早已把幾十年來所經歷的戰禍拋在腦後；尤其是年輕的一代，他們想像得出睡在行李堆上或者豬肉案上的滋味嗎？

回想起這大半生所睡過的形形色色的床，眞是感慨繫之，彷彿是重溫個人的歷史。我有一個願望，我寧願放棄了現在舒適的彈簧床，只要不再失眠，能夠一夜酣睡到天明，回到竹床或者木板床的時代又何妨？

我曾經粉墨登場

假使我跟我的朋友說我做學生時曾經粉墨登場，演過歌劇，一定沒有人相信。因爲憑我這個沒受過任何聲樂訓練，說話的聲音像蚊子那麼細，而又膽怯得不大敢在公開的場合亮相的人，怎會是那種料？還是少吹牛吧！

我沒有吹牛，也從來不會吹牛，那是千眞萬確的事。不過，所謂的歌劇，並不是那種大型的、正式的歌劇，甚至連輕歌劇也夠不上，只是一齣有歌有舞的小型舞臺劇而已。

那已是四十多年前的往事，我在香港的一所教會學校——華英女中念高中。華英女中原來的校址是在廣東的佛山，由於對日戰爭的關係而遷到香港，又因爲沒有校舍，我們是在禮拜堂裡面上課的。

教會學校都比較重視學生的英文程度，華英女中也不例外。高二時就把莎氏樂府作爲文組的教材，我們的英文老師不是英國人就是留學生，這兩件事可作爲證明。另外，華英又特別注重音樂，從高一開始，我們的音樂老師朱麗雲女士就把原版的「一百零一首最好的歌」作爲音樂課的輔助教材，教我們唱了一首又一首好聽的英文世界名曲，這不但增進了我們的英文程度，也奠定了我後來對古典音樂痴迷而執著的愛好。

高二的時候，學校舉辦班際歌唱比賽，我們以一曲混聲大合唱「旗正飄飄」而勇奪冠軍。因此，到了高三下，行將畢業時，朱麗雲老師就慫恿我們在畢業聯歡晚會上演出英文歌劇，希望能一鳴驚人。我們這一群不知天高地厚的初生之犢毫不猶豫地答應了。於是，朱老師就不辭辛勞地一身兼任導演、教唱、司琴、服裝指導、舞臺指導等多重職務，開始爲我們排練。

歌劇的名字好像是叫「郡主的女兒」，說的是一個沒有女兒的女郡主在一群村女之間選擇女兒的故事，背景是奧地利的鄉村。除了女郡主之外，其他的人物有村女、仙女、小販、玩雜耍的等。我們班上一共纔二十幾個人，身材比較胖、女中音唱得不錯的陸，被選爲女郡主；演村女的，就必須兼演仙女，然後再從這一群之中選出第二女主角——女郡主的女兒。至於演小販和雜耍的，有的不須開口，有的只要唱（說）一兩句，比較不重要。

朱老師先教我們全體唱歌劇中的合唱曲。唱熟了，就分別指定角色，各自練習獨唱部分。當她挑選第二女主角時，我也是被選中的幾個人之一。但是試唱的時候，她說我的音量太小了，不能擔任獨唱，就被刷了下來。結果，我演的是村女兼仙女。演仙女時念了一首不太長的英詩作爲獨白，以我的聲細如蚊，不知道後排的觀眾是否聽得見。

現在回想起來，那眞是一段甜美難忘的日子。在練唱之餘，我們還自己縫製戲裝。

仙女們穿的是純白緞子衣裙，頭上還戴著硬紙板做成的銀冠。村女們穿的是繡花的白襯衫、黑裙子，上身還穿著胸前用繩子交叉繫著的黑色小背心，一看就知道是奧國的少女。

那是一齣抒情而柔美的歌劇，音樂又非常悅耳。雖然畢業前夕課業繁重，我們仍然全心投入去排練。到了正式公演時，我們穿上自己手縫的戲服，臉上薄施脂粉，以我們青春的心和少艾的體態，在臺上載歌載舞。也許我們的歌、舞藝、演技和英語都不夠純熟，但是我們的演出是誠摯的、盡心的。落幕時竟也贏得了滿堂的喝采和掌聲。

當我們穿著戲服走下臺去時，校長、洋牧師、老師、家長，以及別班的同學們都圍攏過來，直誇我們「做唱俱佳」、「十分美麗」，把我們一個個都樂得飄飄然，陶陶然。

除了在幼稚園時曾經不止一次在臺上演出過兒童歌舞劇之外，高三那一年的演出歌劇可說是我生平的第一次，也是僅有一次的粉墨登場。進入成人社會以後，我是膽小得連在人前唱歌也不敢的，那個時候，我可是一點兒也不怯場呢，眞是越大越沒出息。

四十多個年頭過去了，儘管當年在臺上唱過的歌已經忘得一乾二淨（我有些同學還記得清清楚楚的，眞佩服她們），不過，當時情景，也依稀在目，我彷彿看到自己穿著白緞衣裙赤足在臺上演出仙女的模樣。有人說高中和大學這兩個階段是人生的黃金時代，每當想起那個階段的種種往事，我就恨不得時光倒流，回到我們的黃金時代去。

五分鐘的成都路

自從民國三十八年六月底來到台灣以後，我就一直住在台北市成都路和康定路交界處的一幢日式木造樓房上，而且一住就住了十幾年。最先那幾年，我的天地就是從住處走到成都路口的西門市場，因爲那個年代家家都沒有冰箱（電的和土的都沒有），必須天天買菜。於是我天天提著菜籃從成都路底走到成都路口，然後又從路口走回路底。還好這條路很短，五分鐘就可以走完全程。不過，我也因此面對這條馬路有著一種親切的感情。

再遠一點也只不過走到新公園，從成都路走到衡陽路也只有幾分鐘的路程。那時公共汽車很少，小轎車更是鳳毛麟角，最普遍的交通工具是三輪車和腳踏車，但是也不多，一般人都是安步當車。當時，我和丈夫還常常推著一部竹製的嬰兒車，在傍晚時分帶孩子到新公園去乘涼。那分悠閒的興趣，又那裡是今天活在空氣污濁、車輛壅塞得寸步難行的現代台北人所想像得來？

今日的台北市，繁華早已移到東區；可是，想當年，成都路可是名氣響叮噹。從西端的康定路口向東數過去，首先看到的西門國小便是大大有名的明星學校，教學認眞，升學率高。我們得地緣之利，四個孩子後來都得以一一進了這所明星小學，結果也都升上了建中和大同初中，足見名不虛傳。

西門國小再過去不遠就是「美都麗戲院」，它就是今日「國賓戲院」的前身。這家戲院小小的，一點也不起眼，當年都放映過許多高水準的歐洲片，像英格・褒曼的名作「野草莓」，我就是在這裡看的。

過了昆明街，馬路對過就是「大世界戲院」，當年它也以放映西片爲主。我和丈夫年輕時是個大影迷，每星期總要看個兩三次才過癮，因爲距離近，是「大世界」的常客。從前沒有電視機，其他的娛樂也少，電影院經常盛況空前，大排長龍是常事，我記得早期的電影票價是四元四角，後來一度漲到八元八角，再往後的價錢則反而記不清了。再往前走左轉西寧南路又有兩家戲院：「國際」和「中國」，「國際」專映西片，「中國」只放國片。然後，走到成都路口又有兩家戲院，右側是西門市場樓上的「紅樓劇場」（當年以演出越劇爲主）；左則是「新世界」。短短一條馬路兩側就有五、六家電影院，不算不多了，於是「電影街」之名也就因此不脛而走。

在我的記憶中，成都路在當年之所以盛名遠播，除了電影院以外，應該還有一些別的因素，譬如吃呀什麼的。在成都路和昆明街口，有一家名叫「一品」的牛肉麵店，在當時可眞是膾炙人口。主人是一對本省籍中年夫婦，他們用土產牛肉（那時好像還沒有進口的洋牛肉）熬湯熬到極爛，原湯下麵，清燉的牛肉麵鮮美得無與倫比，比起油膩的江浙牛肉麵或又鹹又辣的四川牛肉麵不知美味多少倍。因此，這家牛肉麵的價錢雖然比別家貴，但是還是招徠了不少知味客。

西門市場四周也有不少小吃店；賣蛇肉蛇湯的、蚵仔麵線、汕頭魚丸、日本料理、切仔麵、冰果……，不一而足。走到中華商場，「致美樓」的北平烤鴨算是盛宴；而「點心世界」的鍋貼和豆腐腦，在還沒有漢堡、炸雞和披薩的當年，也都是一般人的最愛。「新世界」門前的「西瓜大王」在那個年代也曾獨領風騷，小小的店面經常座無虛席。它旁邊還有一家專賣南京板鴨的小店，好像到現在還存在，那也可說得上眞正的老店了。

現在讓我們沿著成都路的北側往回走，走到快到西寧南路口時，那裡有一間香火頗盛的天后宮，門口擺有一個賣愛國獎券的攤子，攤主人是一位面貌姣好的妙齡少婦，好事者稱之爲「獎券西施」。一來佔了地利之便，二來由於她的美貌，「獎券西施」生意興旺，財源滾滾。我記得她在那裡賣了一二十年的獎券，到後期已是徐娘半老，無復當年風韻了。

說到愛國獎券，從這裡再往前走，在西寧南路和成都路口的「西門獎券行」更是大大有名。它那間小小的舖面，在西門町的全盛時期，號稱鑽石地帶，是全台已最值錢的土地。不過，時移勢易，自從商業重心東移之後，繁華不再，這裡的地價早已大不如前。

成都路一帶，除了電影院和小吃店外，西門國小的弦歌不絕裝點了一些文化氣息，而馬路兩旁人行道上的書報攤之多，也爲這條繁榮的通衢大道增加了不少書香。在昆明路口，大世界戲院對門那家麵包店門口的書報攤，我是它的長期主顧。我給孩子們買「兒童樂園」和「新學友」，爲自己買「今日世界」和「拾穗」。攤主是一位身材微胖面無表情、沉默寡言的中年人，我懷疑他的經常悶悶不樂是思念留在大陸的親人之故。孩子們因爲常常跟我去買雜誌也認得這位從來不笑的人，等到他們懂事以後，居然給這位仁兄取了一個「憂鬱胖子」的綽號。當然，小孩子又那懂成人離鄉別井的愁懷？

這附近還有一位擺書報攤的人留給我頗爲深刻的印象。那是一位文質彬彬、饒有書卷氣的中年男子，我每次走過，都看見他伏在一個裝肥皂的木箱上振筆疾書，鋪在木箱上的還是稿紙。他是一位作家嗎？這位也是相當沉默的人，我雖然也向他賣過書報，但是素昧平生，又不敢多問。

這兩位書報攤販後來也都不見了，也許已經轉業了吧？

五十年代的成都路，我對它有著太多太多的回憶。有時，偶爾回去逛逛，看見昔時光顧過的商店或攤位依然存在，而那些老闆都已白了少年頭，就有著恍如隔世或者走進時光隧道的感覺。畢竟，那已是三、四十年前的往事。

十二年的戰爭噩夢

我常常這樣想：假使歷史可以重寫，民國二十六年的蘆溝橋事變、民國三十年（一九四一）的日軍偷襲珍珠港、民國三十八年的共黨作亂都沒有發生過；那麼，今日我的命運將會如何不同，而我也不是今日的我了。一個人命運的好壞絕大部分受到大環境的影響，個人的命運與國家的命運更是息息相關，密不可分。我大概也算生不逢時吧？成長於八年抗戰中，飽受失學與顛沛流離之苦，不得不提早進入社會，甚至提早成爲主婦。更不幸的是，抗戰勝利後好不容易安定下來，卻又因赤禍橫流而再度倉皇避難。那一段悽愴的歲月，眞是我此生最大的劫數與傷痛。當然也有千千萬萬的中國人在當年遭受到比我悽慘百十倍的惡運。

在初中二年級以前，我是個生活在象牙塔中的天之驕女，父母疼愛，家庭幸福；除了上學外，我迷小說、迷電影，養尊處優，根本不知人間有疾苦。直到民國二十七年七月七日蘆溝橋炮聲一響，學校宣布暑期輔導停課了，日本的零式轟炸機開始日夜在頭上隆隆飛過，這才驚醒了我的美夢，也開始意識到戰爭的可怖。

瘋狂的日軍在軍國主義精神的催眠下，席捲華北華中，不久便威脅到華南。我的家鄉廣州市不但天天捱炸，形勢也岌岌可危起來。因著地利之便，大多數的廣州居民都逃到香港或澳門去，父親也帶著全家大小九口逃往香港。事隔多年，我仍然記得上船前碼頭上互相推擠的人潮，還有晚上在燈火管制中，躺在黑暗的船艙內等候開船，聽著城內炸彈爆炸聲嚇得心膽俱裂；此情此境，竟依稀尚在目前。

在居民中中國人佔了百分之九十幾的香港過了四年多安定的日子，想不到狂妄的日本軍閥不自量力再度掀起了太平洋戰爭。一九四一年十二月七日，偷襲夏威夷的珍珠港。同日（我們的十二月八日），又攻擊香港。這次的空襲似乎比在廣州時更可怕，重型的日本轟炸機在市區亂扔炸彈，每個人都不知道什麼時候自己會被炸得粉身碎骨。香港地狹人稠，防禦工作做得不夠，而且也有點措手不及。空襲一來，根本不知往那裡躲。我記得父親領著一家大小，茫茫然如喪家之犬，到處躲警報，聽說那裡安全便往那裡跑。其實，炸彈不長眼睛，市區內那裡會安全？我們全家人在多次逃生之後都能夠毫髮無損，只是僥天之倖而已。現在想起來，竟然還有餘悸。

四年多以前的抗日戰爭雖然打破了我童年的種種美夢；但是逃到香港以後我仍然可以過著安定的歲月，而且在一度失學之後還可以復學，生活上的影響不大。而這次的香港陷落，我的日子可是一下子從天堂掉落到地獄，說有多悲慘就有多悲慘。就像廣州那樣，香港在捱了一陣子轟炸後，也被日軍佔領了。一時間，這顆閃亮的東方明珠竟變成了死城。老百姓既害怕日軍的姦淫擄掠，也害怕趁火打劫的宵小地痞；糧食買不到，到處搶劫，簡直就是一座人間煉獄。於是，父親再度帶領一家人逃到澳門，而我們也再嘗失學的滋味。這是我一生中第二次逃難；誰想得到，以後還有無數次，這才是劫難的開始而已。

在澳門住了不到一年，父親因工作關係，把全家帶到粵西的一個小城鎮都城去；幾個月後，又遷到桂林。這兩次搬家不算逃難，不過多少跟戰事有關；都城位於大後方，桂林更是大後方的重鎮，父親一定認爲在這裡工作比較安定與安全。

不幸，父親的估計失誤了。就像過去每逃到一個地方都是席不暇暖就要離開一樣；不到兩年，山水甲天下的桂林又告急。父親帶著母親和弟妹們南下返鄉；我則跟著因失學而暫時工作的機關向貴陽撤退。我們以步行、擠掛在火車貨卡的邊沿、搭黃魚車等方式，隨著一波又一波的難民潮，用牛步速度（即使火車也如此），從桂林經柳州、宜山、獨山等地，歷時幾個月才到達貴陽。一路上因爲擔心敵人在後追趕，爲了減輕負擔，大家都沿途丟行李。後來，就算能安全到達，多數人已是孑然一身。

在貴陽，我和一些新進的女職員被遣散了。於是，靠著一筆微薄的遣散費；我和一些友人懷著朝聖的心情，又不辭勞苦地跋涉前往戰時的陪都重慶，總算結束了幾年來逃難的生活。勝利後復員返鄉，和父母弟妹重聚，我自己也組織了小家庭，以爲從此可以安居樂業；不幸，喘息未定，百廢待興之際，又因共黨坐大，版圖變色，我們又一次被迫離開家園，渡海來台。這次雖然沒有直接的戰爭，絕大多數的人可都是咬著牙度過了很長一段物資貧乏的日子，克勤克儉，努力耕耘，才有今天這個小康的局面的。

從民國二十六年到三十八年這十二個年頭，我一直生活在戰爭的噩夢裡；它蹂躪了我的青春歲月，消磨了我的年少豪情，更留下了不少後遺症。來台的早期，驚魂未定，每次聽到飛機聲都會心驚膽顫，心頭也時時籠罩著戰爭的陰影。四十多年來的安定固然治癒了我這些戰爭後遺症，但那傷痛的往事以及一些永遠無法彌補的損失也使我永難釋懷。

可喜的是，正因自己曾經從戰爭中走過，我不會因多年的安定而變得麻木。我永遠忘不了當年國仇家恨，而我的憂患意識也特別強。有生之年，我這匹伏櫪的老驥仍然志在千里；起碼，我可以作一個歷史的證人，因爲我親身經歷過我們中華民族現代史詩中最悲壯的一頁。

重慶記事

中華民國三十四年八月十日下午，我和幾位朋友坐在陪都重慶市內一家咖啡室裡，一面啜飲著以黃豆製成的克難咖啡，一面高談闊論。大家都正當青春年少，雖然戰時物資缺乏，我們喝不起（也許喝不到）眞正的咖啡，但是這並沒有減少我們這些意氣風發的年輕人的興致。

正聊得興起時，突然有兩個美軍從外面像一陣風似地衝進來，同時用英語大叫著：「日本投降了！日本投降了！我可以回家去了！」他們手舞足蹈的叫著，一面跟咖啡室中的每個人握手致意。

起初，大家被這突如其來的景象楞住了，等到每個人都弄清楚這是什麼一回事時，便全都笑逐顏開，霎時間歡聲雷動，同聲高呼：「日本投降了！我們勝利了！」

這時，街上已傳來陣陣慶祝的鞭炮聲。我們那裡還坐得住，就離開咖啡室到街上去。歡樂之情充塞在我們的胸臆裡，一想到八年的苦難與血淚已成過去，我們就忍不住又笑又叫，互相擁抱著，在街上蹦跳起來，而路上的行人無論識與不識都會彼此說聲「恭喜」。謝天謝地！戰事終於停止了，我也像那年輕的美軍一樣，可以回家去跟家人團聚啦！

八個月以前，我可是抱著朝聖的心情，獨自離家，跋涉千里到這座山城來的。我考進一家著名的雜誌社當一名小小的校對，待遇菲薄不用說，工作又異常繁重，遇到雜誌出版前那幾天，晚上還得在宿舍裡搖曳的燭光下看校樣。天冷時，碩大的老鼠在我蓋著的棉被上跳舞，常嚇得我尖叫。夏天，又有成群結隊的臭蟲從板壁和床板的罅隙中爬出來，吸人的血，把人叮得全身都癢不可當，徹夜不能眠。

如今好了，我們勝利了。山城的酷熱、老鼠、臭蟲、伙食團中的「八寶飯」、水煮白菜……都可以揮手說再見了。「青春作伴好還鄉」，就在街上狂歡的人群裡以及震耳欲聾的爆竹聲中，我已跟一位同鄉女友約好，等復原工作一開始，我們將是第一批回去的人。

幸運地，不久之後，我在重慶市中正路一位友人家中的樓上，從窗口親眼目睹了陪都重慶慶祝勝利大遊行的盛況。蔣委員長坐在一部敞篷汽車上，頻頻向群眾含笑揮手，五十年了，這個印象，我至今記憶猶新。

在八年的抗戰中我受過不少苦，戰事一次又一次地中斷了我的學業，也改變了我的命運。我雖然對當年侵華的日本軍閥恨之入骨，不過，我畢竟熬過來了，我反而慶幸自己曾經走過那個大時代，更慶幸今天仍然能爲歷史作證。

一段往事・一首插曲

旗正飄飄，馬正蕭蕭，槍在肩刀在腰，熱血熱血似狂潮。旗正飄飄，馬正蕭蕭，好男兒，報國在今朝。快奮起莫作老病夫，快團結莫敗給散沙潮。快團結，快團結，奮起團結。國亡家破禍在眉梢，挽沉淪全仗吾同胞。不殺敵人恨不消，戴天仇怎不報？快團結，快團結，奮起團結。旗正飄飄，馬正蕭蕭，槍在肩刀在腰，熱血熱血似狂潮。旗正飄飄，馬正蕭蕭，好男兒，報國在今朝。

上面這首著名的抗戰歌曲，我已經睽違了半個世紀以上，歌詞只記得開頭的幾句，旋律也只是依稀隱約可聞；然而，爲什麼我在抄錄歌詞的時候，又覺似曾相識？我低低地、荒腔走板地吟唱著，時光彷彿倒流，我又回復到當年那個清湯掛麵、穿著藍衣藍裙的高中少女，站在臺上，和其他的同班同學引吭高歌這首動人心弦的歌曲。

我是在抗戰期間在香港上高中。母校華英女中是因爲避戰禍而從廣東佛山暫時遷到香港的，所以校舍只能因陋就簡。高一時是在灣仔軒尼詩道旁的循道會禮拜堂上課；高

二、高三時是在皇后大道西一處山腳下的西人循道會禮拜堂作課堂。另外還有初中部和小學部設在妙高臺。雖則校舍如此簡陋，每間教室都只以屏風間隔；可是，華英女中的校規嚴、師資好，在當時那些遷港的教會學校中，也算是很有名氣的。華英最重視的課程是英文和音樂，三年的高中生涯，對我這一生影響甚大。我們在高二時唸乙組的學生就選讀莎翁的故事，這使我在K英文之餘也愛上了西洋文學。雖然我後來讀的是中文系，但是我對西方的文學作品一樣喜愛，這對我後來走上寫作之路不無幫助。

高中三年，教我們音樂的是朱麗雲老師，她有一張很和氣的圓臉，對學生親切無比。上課時，除了課本外，她教我們唱「一百零一首最好的歌」裡面好聽的外國民謠和藝術歌、基督教聖詩、中文藝術歌，還有抗戰歌曲。在一般人的印象中，總以爲香港人沒有什麼國家民族觀念，其實不然，他們對祖國不但不冷漠，反而相當熱情，也是愛國不甘後人的。我還記得港人抵制日貨；捐款做「獻機報國」；推行「一碗飯運動」，把省下來的錢捐給國家等等愛國行爲。由名演員金山、王瑩領導的「救亡劇團」在港九演出抗戰話劇，場場爆滿。雄壯豪邁的抗戰歌曲，也經常響遍了太平山下。祖國遭逢外侮，山河變色，凡是炎黃華冑，誰沒有敵愾同仇之心呢？朱老師教我們唱英文歌和藝術歌，種下了我後來迷上西洋古典音樂的因；教我們唱抗戰歌曲，卻激發了我們的愛國心，可說是美育和德育並重，用心良苦。

高二的時候，學校舉行班際歌詠比賽。朱老師特地爲我們這一班選了「旗正飄飄」

這首抗戰歌曲去參加。這原是一首四部混聲大合唱的歌曲，但我們全是女生，就只唱兩部。我們穿著和國旗中的青天一樣亮麗的藍衣藍裙校服，年輕的臉煥發著青春的光彩，昂然站在臺上，憑著一腔愛國豪情，用心地唱出這首慷慨激昂的大合唱：「旗正飄飄，馬正蕭蕭，槍在肩刀在腰，熱血熱血似狂潮。……」我不知道我們唱得夠不夠好，但是我知道，在那雄渾壯偉的旋律中，我的熱血的確在沸騰。假使我不是一個無縛雞之力的在學高中女生，我眞是會投筆從戎，請纓殺敵的。

那次歌詠比賽的結果，我們這一班拿到了冠軍。當然這是由於朱老師指導有方；不過，歌詞與旋律的鏗鏘有力、震撼人心，恐怕也有關係。時隔數十年，我的歌喉早已瘖啞，以前學過的歌也通通忘得一乾二淨；但是，這首「旗正飄飄」豪邁奔放而優美的旋律卻始終縈迴腦際，永不忘懷。

在所有的抗戰歌曲中，除了這首和我有著切身關係的「旗正飄飄」外，我比較喜歡的是「長城謠」、「松花江上」、「玉門出塞」、「歌八百壯士」、「抗敵歌」等比較抒情而又令人蕩氣迴腸的幾首。可惜，這些在一般人心目中認爲老掉了牙的歌曲，不但極少人會唱，現在甚至難以聽到了。殊不知，音樂之於社會風氣甚至國家民族的命運都有很大的影響。一個社會中如果充滿了靡靡之音，風氣一定敗壞，道德一定沉淪。當年，西楚霸王項羽在垓下被困時，因爲聽見四面楚歌，以爲楚國已經完全陷敵，因而軍心渙散，一敗塗地。這就是一個音樂影響到國族存亡的例子。在西方音樂中，法國大革命時的「馬賽曲」、芬蘭作曲家西比留斯的「芬蘭頌」、捷克作曲家史邁塔納的「墨爾島河」等等，不但旋律優雅悅耳，而且豪邁有力，具有鼓舞人心的力量。而這些曲子的確也曾爲它們的祖國作出偉大的貢獻。

「旗正飄飄」的旋律和歌詞都曾經使我熱血沸騰，很想做個現代花木蘭，到前線去刃頑敵。可是，我太懦弱、太膽小了，徒有雄心壯志而不敢付諸行動。事實上，有些同學的兄姊早已三三兩兩的結伴走向大後方，請纓入伍了。後來，同班同學中也有人爲了響應蔣委員長所號召的「一寸山河一寸血，十萬青年十萬軍」而投筆從戎的。恨只恨自己沒有勇氣離家，始終當不成花木蘭，成爲我終生的憾事。

今年是抗戰勝利五十周年紀念，當年從抗日戰爭中走過的人都已白了少年頭。緬懷往事，自是百感交集。經歷過半個世紀的滄桑，華英女中的師長和同學早已星散；假使有朝一日能夠重聚一堂，大家不再嘹亮的嗓音是否還唱得出「旗正飄飄」這樣激越的曲調？一顆愛國的心是否仍舊熾熱如昔呢？

第四輯　筆墨生涯

三種境界

已經是第三次寫「筆墨生涯」這個題目了。

第一次大約是二十年前，中央副刊以這個題目向作者徵文。那個時候我正處在寫作的狂熱中，當然不肯後人，也寫了一篇去湊熱鬧，我的題目是「一個沉默的耕耘者」。沉默寡言是我的本性，一個筆耕的人也不需要多言，我那篇蕪文倒是十足的寫實之作。只是，流光逝去二十年，思想的層次已不盡相同，如今再回頭去讀那篇小文，竟有幼稚之感。

第二次是去年大華晚報淡水河副刊邀約爲他們的「筆墨生涯」專題所寫的「寫作是永遠不必退休的行業」，發表的時間距離今天剛好是一年零一個月，想法無殊，但是我卻不希望兩篇文章的內容一樣，因此，寫來也是費煞苦心的。

每一位作者談到自己的寫作生涯，一定會細說從頭，當然我也不能例外。我爲甚麼會對文學發生興趣，爲甚麼走上寫作這條路，我想我要感謝三個人。第一位是我的父親，他在我的童年時代便教我讀唐詩、對對子，而且還買了好多兒童讀物供我閱讀；使我小小的心靈開始對文學生出憧憬。

第二位是我在小學五年級時的國文老師麥炳榮先生。我還記得他是一位戴著深度近視眼鏡的青年，對學生們親切得有如兄長。他選了許多五四時代的新文藝作品教我們讀，讓我知道了謝冰心、蘇梅、盧隱、徐志摩、朱自清這些作家的名字。有一次，麥老師把一幅風景畫貼在黑板上，叫我們寫一篇描寫文。畫裡有夕陽下的樹林和一間煙突裡冒著炊煙的小屋。我一看就愛上了這幅水彩畫，一時間福至心靈，下筆居然十分暢順，成績為全班之冠，麥老師還大大的誇獎了我一番。現在回憶起來，這篇作文，也可算得上是我從事文藝創作的奠基之作吧？

另外一位我的文學啓蒙人是小學六年級時的國文老師冼鳳樓先生。他跟麥老師剛好相反，是一位典型的老學究。他乾乾瘦瘦的，戴著副黑框眼鏡，外形跟印度聖雄甘地有點相似，我們這些學生就偷偷給他取了「甘地」這個綽號。年輕的麥老師灌輸我們以新文藝的知識，年長的冼老師則為我們開啓中國古典文學的大門，他大量地從「古文觀止」、「唐詩三百首」和「白香詞譜」中選取教材，還要我們背誦。儘管我們對那些優美的古典文學作品只不過一知半解；然而，假使我現在還能記憶一些古文或舊詩詞的片段，都可說全是那個時期的背誦之功，而不是後來在中學、大學裡學來的。

小學畢業，升上初中，我混沌初開的文學意識逐漸形成，也因為開始沉迷於古典章回小說和新文藝小說而變成了一個小書呆子。我偷偷地學寫舊詩，寫了卻是秘不示人，而又隱隱以小詩人自居。從十三、四歲開始，我寫了不少強說愁的舊詩詞，都用毛筆抄在一本用宣紙裝釘而成的簿子上，還用灑金紙做封面，題名「危樓吟草」。這種生澀的舊詩，我寫了差不多十年，一直到結婚以後，詩心被孩子的奶瓶尿布，還有現實生活中的柴米油鹽嚇跑，從此也就跟平平仄仄和一東二冬三江四支……絕了緣。

雖則我遠在民國三十二年就登出了我生平的第一篇投稿，以後也偶然發表過一些不成熟的作品；不過，正式加入文藝的陣營，那還是民國四十二年以後的事。驀然回首，原來又已邁過了三十幾個年頭。

王國維在「人間詞話」中談到古今成大事業大學問的三種境界：「昨夜西風凋碧樹，獨上高樓，望盡天涯路。此第一境也。衣帶漸寬終不悔，爲伊消得人憔悴。此第二境也。衆裡尋他千百度，驀然回首，那人卻在燈火闌珊處。此第三境也。」我覺得，從事文學或者藝術創作的人，也必定會經驗過這三種境界。

以我個人而言，剛起步學習寫作時，一切全憑摸索，亂寫一氣。那個階段，我又寫又譯，不論實用稿、雜文、散文、小說、兒童故事，甚至廣播劇，我都寫過；說得不好聽，簡直是個稿匠。這個階段，可說等於王國維所說的第一個境界，獨自暗中摸索，前途渺茫，豈非是「獨上高樓，望盡天涯路」？

到了五十年左右，我漸漸摸到了自己的路子，專寫短篇小說和散文，而不再胡亂塗鴉、粗製濫造。這時正值盛年，銳氣尚未消失，衝勁也還存在，我寫得很努力，也寫得很多。一股狂熱支持著我，竟然一日不可無此君，只要有一星期寫不出文章，就會嗒然若喪。這正是我寫作的第二階段：「衣帶漸寬終不悔，爲伊消得人憔悴」，是一種生死以之的情感。

狂熱終有一天會冷卻，果然，隨著年齡的增長，我對寫作已沒有當年的痴迷與執著，近年更是產量大減。很多第一次見面的人總是這樣對我說：「我在做學生的時代就拜讀過你不少的作品了，我好喜歡你寫的散文（小說）。現在爲甚麼很少看到大作呢？」

幾乎是千篇一律的問題，教我如何去回答？已經寫不出來了？不，倒還不到江郎才盡這個地步。工作太忙？也不，現在再忙也比不上當年孩子幼小時內外兼顧的狼狽吧？事實上，就是熱忱不再，也有點意興闌珊，不想勉強自己。這種心情，雖然還不到「驀然回頭，那人卻在燈火闌珊處」的境界，卻也不遠了。但是，這種心境上的轉變，又怎能爲外人道？

在寫作的路途上踽踽獨行了三十餘年，雖說參透了兩種少壯的境界，而且行將邁入成熟的第三境；但是，說來慚愧，到現在還沒有寫出一篇令自己滿意的文章，既未得過任何獎章，也沒有出過磚頭巨著。唯一有形的收穫是出版了三十三種薄薄的單行本，這裡面，包括了中、短篇小說、散文、雜文、傳記文學、兒童文學和翻譯小說。

在這三十三本書裡，最早的一本短篇小說集《故國夢重歸》出版於民國四十五年；然後，過了幾年，才又由皇冠出版社出版了我的第一本中篇小說《風雨故人來》。記得那個時候，中廣有一個小說選播的節目曾經播過我這篇小說，他們用布拉姆斯小提琴協奏曲的第二樂章做配樂，播音員充滿了感情的磁性聲音加上盪氣迴腸的琴音，往往聽得我和孩子們如醉如痴。現在回想起來，在那個沒有電視機的時代，家庭生活似乎更加溫馨與融洽。

那個時代，小說很受歡迎，散文則不受重視；因此，我在出版了五本小說之後，到了五十七年才出版了我的第一本散文集《心燈集》。從五十七年到六十八年，可說是我的豐收季，在這十一年中間，有一年出版三本書的，也有四本的，最高紀錄是五本。然而，十年河東，十年河西，近年來，出版商有志一同的摒棄小說而偏愛散文，散文比較難寫，字數又比小說少得多，想湊成一本十萬字的選集本已不容易，何況我寫的散文又特別短（有一個時期我專寫一千字左右的抒情小品，自嘲爲「千字文作者」）？自從七十三年九月由大地出版社出版了我那本散文集《春花與春樹》後，下一本書簡直是連胚胎都還沒有成形。

三十年光陰如逝水，轉瞬之間，已白了少年頭。既然已經走上了這條爬格子的路，雖然有點寂寞，但也曾給過我不少歡樂，倒是沒有甚麼好怨尤的。好在這是一種最自由的職業，只要你高興，有時間，有精力，不妨隨意發揮。興趣缺缺嗎？也沒有人強迫你寫，你儘可以暫時怠工，把筆放下。這種職業很適合於我這類沉默、內向、不善逢迎、不擅交際的書呆子型人物，我很高興我當年選擇了它。

我既然沒有後悔自己走上了寫作這條路，又說過它是一種永遠不必退休的行業；那麼，看樣子，我是注定了此生還是要與筆墨爲伍的了。當一個人行將進入驀然回首這種境界時，心裡多多少少總會有著一份歷盡滄桑的荒涼之感。還好，這種感受不是黃昏日暮的悲哀，而是老驥伏櫪的壯懷。今後有生之年，但願能寫出一兩篇有份量的作品，也就無憾了。

忘我・織夢・傾訴

也許因爲從小就浸淫在中外名著典籍中的原故吧？稍長，有了駕御文字的能力之後，就開始喜歡舞文弄墨了。是由於見賢思齊？還是胸中有塊壘，亟思一吐而後快？總之，很早很早，我就學會了把心裡的話形諸筆墨，我寫日記、吟詩；從小學開始，我的作文成績更是班上的佼佼者。

假使把第一次投稿算作寫作生涯的開始的話，掐指一算，我已經在這條路上走了五十二年，超過了半個世紀。可是我仍然無怨無悔，樂此不疲，還沒有退休的打算。（誰說寫作也要退休的？著作等身的百齡人瑞蘇雪林教授至今也還沒有歇筆呀！）爲什麼？因爲我喜歡。這是我生命中最大的慰藉，最大的樂趣，我樂在其中，欲罷不能，簡直是上癮了。半個世紀以來，我不曾停過筆。偶然遇到事忙，或遭逢情緒低潮，沒有空寫或寫不出，就會忽忽如有所失。由此可見寫作對我的吸引力有多大，我已是不可一日無此君了。

我正式對外投稿的第一篇作品發表於民國三十二年在桂林出版的《旅行雜誌》，題目是「粵西之行」，記敘父親帶著母親和我們七個孩子從淪陷後的香港逃往粵西都城的經過。那當然是很幼稚的文章；但是得蒙主編青睞，予以採用，那對一個初出茅廬的年輕人是具有極大的鼓舞作用的。記得我用那筆稿費買了一件大衣，穿起來也似乎特別溫暖。從那以後，我便陸陸續續地寫著，屬於玩票性質。到了台灣不久，開始正式下海。做夢也想不到，竟然一寫就寫了半個世紀，眞是難以置信。

既然寫作是我生命中最大的慰藉；那麼，寫作最大的樂趣又是什麼呢？我認為：那是當我寫出一篇得心應手、下筆千言、流利順暢而又言之有物，同時也使得自己滿意的文章時。當然，這是可遇而不可求的，還好寫作的人都會有「癩痢兒子自己的好」的心理，自己嘔心瀝血製造出來的「寧馨兒」（也許只是個癩痢兒），焉有不越看越愛之理？如此這般，就樂在其中了。

早年我寫過很多小說。在寫小說時，我常會化身為小說中人，以他（她）的歡樂為歡樂，悲苦為悲苦，幾達忘我的境界。織夢之樂，莫此為甚。寫散文則可以藉以傾吐自己的心聲，以我筆寫我心，把自己的心情訴諸讀者，那就是前面所提到的「不吐不快」。要是因此而得到讀者的共鳴，引起迴響，那自是最大的收穫。翻譯是再創作，從前，個人的精力比較旺盛時，在閱讀到自己喜愛的英文小說或散文時，就忍不住想與人分享。在這個前提下，我也曾選譯過幾本長篇小說和很多篇短篇及散文。這項工作也許比純創作更難；但是，完成之後那種「流淚播種，歡笑收穫」的喜悅卻更加甜美。

寫作的有形收穫，人人都知道有發表的稿費和轉載的稿費可拿；若有幸能夠出書，就更是一魚三吃。而在精神層次上的收穫則是，稿子刊出，可以打知名度，知名度一高，就會有讀者；而最最重要的一點，就是可以「以文會友」。

在台從事寫作四十多年，我也因此而結識了無數文友。這些文友，往往是神交已久而從未謀面的。有些是從讀者身分通信而認識；有些是在文藝集會中不期而遇。由於興趣相投，總是一見如故，彼此特別容易交心。誰說同行相妒？誰說成年後不易交到新朋友？我個人因不善交際，不喜應酬，朋友不算多；然而，積數十年的經驗，我認識的文友可是分佈在地球村的各地。出國旅遊，可眞是處處碰到熟人哩！

小時候讀過一首長詩「讀書之樂樂何如？」那麼，寫作之樂又樂何如呢？寫作不限年齡，不限場地，不需工具（一紙一筆即可）；只要能夠用文字來表達你的思想，就可以構成一篇文章。寫得好，說不定得以傳誦千古；寫得不好，敝帚自珍，也可以留作個人生命的紀錄。我很高興我選擇了這條路，有生之年，我會一直走下去的。

無怨無悔，終生廝守

我常常這樣想：一個人無論從事甚麼行業，在人生旅途走上了甚麼路，都是有一段因緣的。「因」是童年的環境與影響，有了這個「因」，才發展成後來的「緣」。因此，要談我的文學因緣，還是要從我的童年說起。

我的父親是第一個影響我對文學發生興趣的人。他本身是個讀書人，對我這個長女期望甚深，從我識字開始，就買了許多兒童讀物供我閱讀；稍長，便教我讀唐詩、對對子、背詩韻。雖然我那時對唐詩還是一知半解；但是那些唯美的詩句、鏗鏘的音韻，已在我童稚的心扇開啓了一線文學的曙光；我愛上了舊詩，到了十二三歲時還偷偷寫了不少五言和七言的絕句，簡直是初生之犢，毫無自知之明。

小學五年級時的國文老師是第二位影響我走上文學之路的人。這位麥老師十分年輕，對我們親切得像一位大哥哥。他選了許多五四時代的新文藝作品教我們讀，我也因而認識冰心、蘇梅、廬總、徐志摩、朱自清、許地山、俞平伯這些作家們的名字。有一次，麥老師把一幅風景畫貼在黑板上，要我們看圖作文。畫中有夕陽下的樹林，冒著炊煙的小屋，還有一個荷鋤歸去的農夫。我很喜歡這幅意境寧靜的水彩畫，就竭盡心思，模仿那些名作家的筆法，用相當「新潮」的句子完成了一篇抒情文，成績居然是全班之冠，麥老師更是大大誇讚了我一番。我想：這篇作文，已播下了我後來走上寫作之路的種籽。

很幸運的，升上六年級我又遇到一位好國文老師。這位冼老師是一位老學究，由於年長，他所選的教材剛好與麥老師相反。他大量的從《古文觀止》、《唐詩三百首》、《白香詞譜》這些基本的國學經典中選取教材，還要我們背誦。儘管我們對這些優美的古典文學作品只是囫圇吞棗，領悟不深；然而在冼老師循循善誘、潛移默化的指導下，古人筆下那些不朽的名句也深植我的腦海中，讓我終生受用不盡。

升上初中以後，我混沌初開的文學意識逐漸形成。我瘋狂的閱讀所有的古典章回小說和新文藝小說，簡直到了廢寢忘餐的地步，不過，這並沒有影響到我的學業成績，而我的國文分數也總是全班最高的。升上高中以後，我又開始貪婪的閱讀世界名著的中譯本。記得那個時代我最喜愛的是屠格涅夫和莫泊桑的短篇小說，而哈代的「還鄉」和紀德的「田園交響曲」也使得我手不釋卷。大概是由於大量接觸古今中外文學作品的緣故，我在高中的國文成績又總是全班之冠，同學也因此給我取了一個「大文豪」的綽號；雖然這是開玩笑性質，然而這個頭銜到現在還使我汗顏不已。

在那個時代，大學的中文系是最熱門的一系。我高中畢業後父親有意要我考外文系（他老人家曾經留美，可能望我克紹箕裘吧？），但我執意要念中文，父親也就沒有反對。從此，我與文學結了緣，直到今天，仍然長相左右。

我第一次投稿是抗戰末期，父親帶著全家從香港逃難到桂林後，我以「粵西之行」爲題，把途中的所見所感記錄下來，寄給「旅行雜誌」，想不到很快就登了出來，這給了我莫大的鼓舞與信心，也奠定了我以後筆墨生涯的基礎。

卅八年來到臺灣後，我就開始走上寫作之途。因爲年輕有衝勁，我甚麼都寫：寫散文、雜文、小說、兒童故事、家政、翻譯都來，但是作品卻不夠成熟。摸索多年之後，才省悟出寫文章也像做學問一樣，宜專不宜博；專比較容易精，博則流於濫。於是，近十年來，我幾乎是專寫散文，偶爾寫寫短篇小說。

經過了四十年的努力耕耘，雖然由於才情有限，自問並沒有滿意的作品；不過，到目前爲止，也已經有了三十七種單行本問世，總算有了一些實質上的成績。

從童年時受到父親和師長的培植與影響，少年時代的瘋狂博覽群書，青年時期滿腔熱忱的從事寫作，我這輩子的確已與文學結緣，而且更是無怨無悔的將會終身廝守。

有許多行業都受到年齡和體能的限制，到了某一個階段就要退休。而寫作卻沒有這些限制，只要頭腦沒有退化，一隻手還能執筆；那麼，你就可以一直寫下去，沒有人要你退休。固然，寫作這條路也很坎坷，相當寂寞；但是，其中的樂趣，也是只有身歷其境的人才能夠體會得到。我很高興我選擇了這條路，我不會輕易放下這枝筆的。

附錄

畢璞作品一覽表

書名	類別	出版地	出版者	出版年月
故國夢重歸	短篇小說	臺北市	文友書局	四十五年十月
風雨故人來	中篇小說	臺北市	皇冠出版社	五十年十一月
十六歲	中篇小說	高雄市	大業出版社	五十一年六月
心靈深處	短篇小說	臺中市	光啓出版社	五十三年一月
一個眞的娃娃	兒童文學	中興新村	台灣省教育廳	五十五年五月
寂寞黃昏後	短篇小說	臺北市	商務印書館	五十六年三月
難忘的假期	兒童文學	中興新村	台灣省教育廳	五十六年四月
心燈集	散文	臺北市	立志出版社	五十七年九月
春風野草	中篇小說	臺北市	博愛圖書公司	五十七年六月
秋夜宴	短篇小說	臺北市	水牛出版社	五十七年八月

陌生人來的晚上	短篇小說	臺北市	皇冠出版社	五十八年二月
綠萍姊姊	短篇小說	臺北市	東方出版社	五十八年九月
心底微波	散文	臺北市	驚聲出版公司	五十八年十二月
再見秋水	短篇小說	臺北市	三民書局	五十九年二月
橋頭的陌生人	短篇小說	臺北市	立志出版社	六十年七月
心靈漫步	散文	臺北市	彩虹出版社	六十四年一月
無言歌	散文	臺北市	水芙蓉出版社	六十四年四月
黑水仙	短篇小說	臺北市	水芙蓉出版社	六十六年三月
烽火一麗人	翻譯小說	臺北市	長橋出版社	六十七年一月
逃婚記	翻譯小說	臺北市	長橋出版社	六十七年九月
畢璞散文集	散文	臺北市	道聲出版社	六十七年九月
溪頭月	短篇小說	臺北市	學人文化公司	六十七年九月
浪莽林野	翻譯小說	臺北市	長橋出版社	六十八年一月
冷眼看人生	雜文	臺北市	水芙蓉出版社	六十八年三月
秋瑾傳	傳記	臺北市	近代中國出版社	六十八年五月

（八十三年五月雨墨文化公司重印）

心在水之湄	散文	臺北市	道聲出版社	六十八年七月
出岫雲	短篇小說	臺北市	中央日報社	六十八年九月
逃	翻譯小說	臺北市	學人文化公司	六十九年七月
清音	短篇小說	臺北市	水芙蓉出版社	七十年九月
午後的冥想	散文	臺北市	堯舜出版公司	七十一年六月
革命筆雄章太炎	傳記	臺北市	近代中國出版社	七十一年六月
化悲哀爲力量	兒童文學	臺北市	近代中國出版社	七十二年六月
春花與春樹	散文	臺北市	大地出版社	七十三年七月
明日又天涯	短篇小說	臺北市	采風出版社	七十六年三月
畢璞自選集	小說、散文	臺北市	黎明文化公司	七十六年八月
第一次眞好	散文	臺北市	文經社	七十七年七月
老樹春深更著花	散文	臺北市	東大圖書公司	八十二年三月
有情世界	短篇小說	臺北市	台北縣立文化中心	八十六年七月
去年紅葉	散文	臺北市	文史哲出版社	九十一年八月

國家圖書館出版品預行編目資料

去年紅葉 / 畢璞著. -- 初版. -- 臺北市：文史哲,民 91

面： 公分. -- (文學叢刊 ; 140)

ISBN 957-549-461-x (平裝)

1.

855 91014306

文 學 叢 刊 ⑭⓪

去年紅葉

著 者：畢 璞

出版者：文 史 哲 出 版 社

http://www.lapen.com.tw

登記證字號：行政院新聞局版臺業字五三三七號

發行人：彭 正 雄

發行所：文 史 哲 出 版 社

印刷者：文 史 哲 出 版 社

臺北市羅斯福路一段七十二巷四號

郵政劃撥帳號：一六一八〇一七五

電話 886-2-23511028・傳真 886-2-23965656

實價新臺幣二四〇元

中華民國九十一年 (2002) 八月初版

ISBN 957-549-461-x